SOCIÉTÉ DUNKERQUOISE

Pour l'Encouragement des Sciences, des Lettres et des Arts
(Reconnue d'utilité publique)

Congrès

DES

SCIENCES HISTORIQUES

EN JUILLET 1907

(RÉGION DU NORD ET BELGIQUE)

À DUNKERQUE

1ᵉʳ VOLUME

(RÉSUMÉS DE MÉMOIRES)

À DUNKERQUE
IMPRIMERIE ....
1907

CONGRÈS

DES

SCIENCES HISTORIQUES

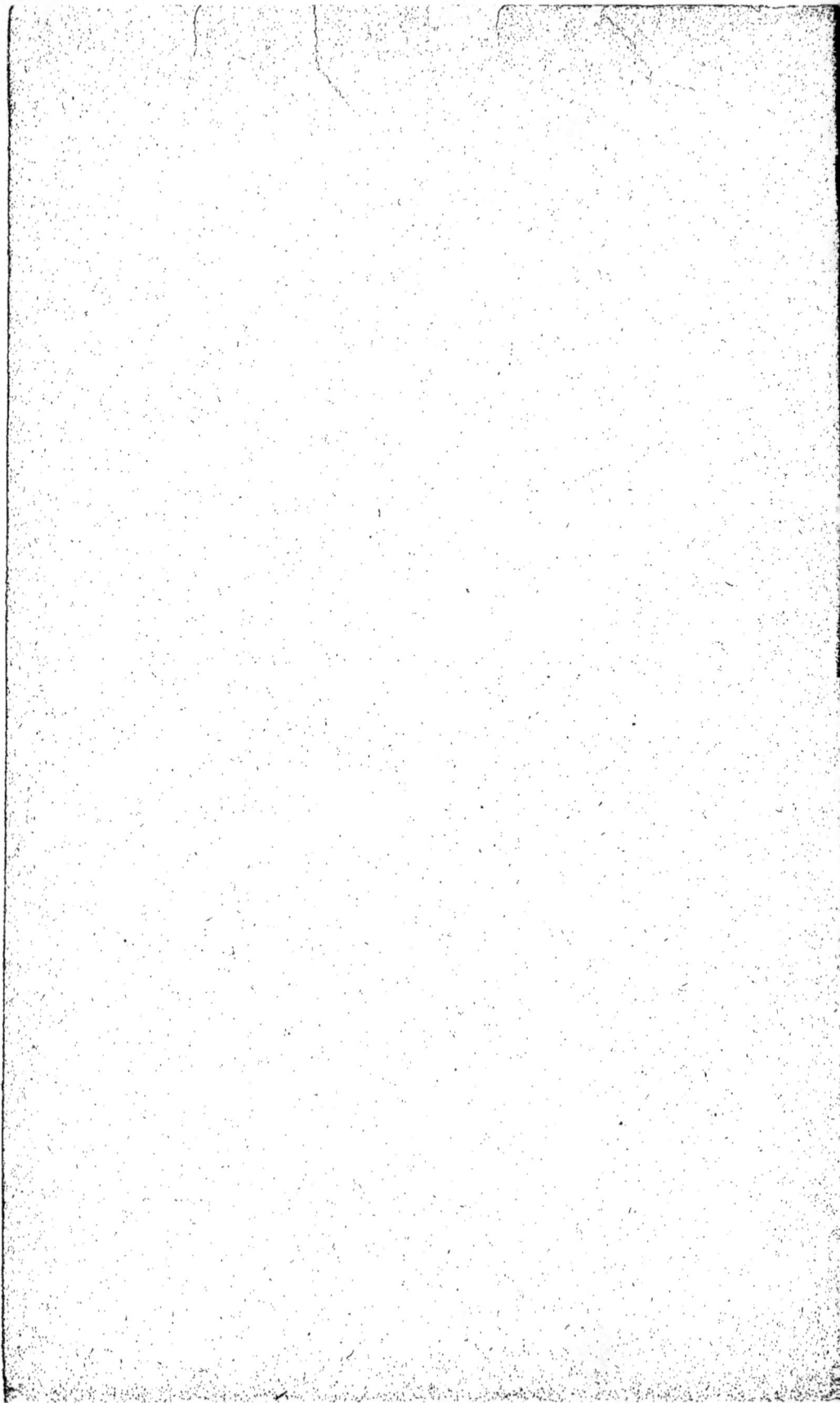

SOCIÉTÉ DUNKERQUOISE

Pour l'Encouragement des Sciences, des Lettres et des Arts

(Reconnue d'utilité publique.)

———※———

Congrès

DES

SCIENCES HISTORIQUES

EN JUILLET 1907

(RÉGION DU NORD ET BELGIQUE)

A DUNKERQUE

———◦———

1ᵉʳ VOLUME

(RÉSUMÉS DE MÉMOIRES)

———※———

DUNKERQUE

TYPOGRAPHIE-LITHOGRAPHIE MINET-TRESCA, RUE DES PIERRES, 7.

— 1907 —

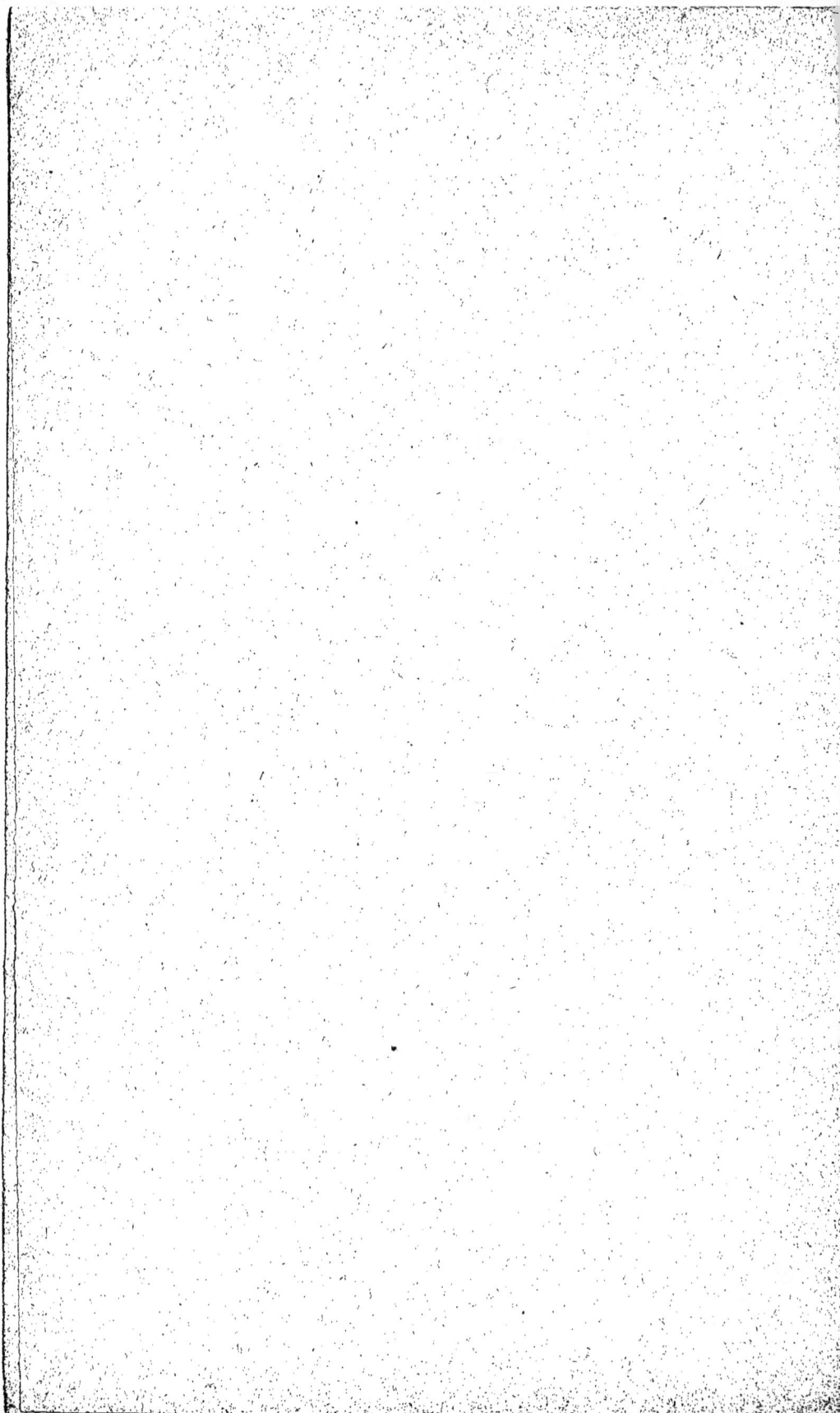

AVANT-PROPOS

Conformément à la méthode de travail adoptée, le Comité organisateur a l'honneur d'adresser aux Congressistes le volume préliminaire annoncé dans le programme et dans le règlement. On y trouvera les sommaires d'un certain nombre de communications qui seront développées en séance. Beaucoup d'adhérents, qui se sont fait inscrire pour des lectures, n'en ont pas envoyé les résumés. D'autres les ont fait parvenir trop tard pour l'insertion dans ce volume.

Le Comité remercie bien sincèrement les auteurs qui ont répondu à son appel. Ils ont compris tout l'intérêt de l'innovation qui consiste à faire connaître dans leurs grandes lignes, par la publication d'un abrégé, les communications qui seront faites. De cette façon, on peut espérer que les séances du Congrès de Dunkerque ne seront pas seulement consacrées à des lectures, mais qu'elles comporteront encore des discussions sérieuses, intéressantes et vraiment fructueuses

LE COMITÉ ORGANISATEUR.

LE PARLER DUNKERQUOIS

par M. ÉMILE BOUCHET

LE PARLER DUNKERQUOIS

PAR

M. ÉMILE BOUCHET

Vice-Président de la Société Dunkerquoise, Membre de la Commission Historique

————

N'est-ce pas donner un titre bien prétentieux à une esquisse où l'on se propose de rechercher quelques-uns des traits caractéristiques qui donnent au langage des habitants de Dunkerque une saveur et une originalité toutes particulières ? Peut-on trouver là un sujet de remarques philologiques intéressantes ? Nous le pensons et on en jugera.

Voici des siècles que deux idiomes sont ici en présence et en lutte ; dès la fin du moyen-âge, sous les derniers Comtes de Flandre, les actes de l'Administration centrale furent rédigés en français, tandis que ceux de l'Administration communale furent écrits en flamand ; c'était là, en effet, la langue maternelle ; les Dunkerquois n'en comprenaient pas d'autre. Les souverains durent donc faire venir leurs scribes du dehors : ce furent des Wallons, des Artésiens, des Picards, même des Normands, et de ce simple fait découlèrent des conséquences multiples.

Si les étrangers furent contraints d'introduire dans leurs écrits toute une série de mots qu'ils francisèrent parce qu'ils n'avaient pas d'équivalents en français,

Ex : *Duynherdre (Duynherder)*, préposé à la surveillance des Dunes ; *Diquer (Dycken)*, construire des digues ; *Curefrère (Kuerbroder)* — *Combourgeois*, et une foule d'autres particulièrement empruntés au vocabulaire du droit coutumier, par contre, ces étrangers, nos premiers maîtres de français, établis dans la ville à une époque où la langue française n'avait pas acquis sa magistrale unité, ne pouvaient apprendre à leurs élèves que des mots dont ils se servaient eux-mêmes, c'est-à-dire des termes empruntés à leurs dialectes provinciaux respectifs et ces mots, fort nombreux dans le parler dunkerquois, s'y sont maintenus, soit avec une signification non conservée dans le dictionnaire général, soit sous une forme qui n'est plus en usage dans notre langue commune. Leur variété même prouve la diversité de leur origine et montre que les besoins de l'Administration ou les nécessités du Commerce avaient attiré à Dunkerque des Français de toutes les provinces septentrionales. Ex. :

Affligé	— Infirme............	Wallon.
Arrée	— Ondée subite....	Rouchi.
Brader	— Gâcher..........	Rouchi.
Carton	— Charretier.......	Picard.
Bellot	— Gentil..........	Picard.
Frayeux	— Coûteux........	Rouchi.
Harlander	— Flâner	Normand.
Castiller	— Chamailler......	Picard.
Panne	— Tuile..........	Wallon.
Courte-Pointe	— Couvre-pieds....	Normand.
Ressarcir	— Repriser.........	Wallon.

Cette adaptation de mots provenant de dialectes romans divers a eu pour conséquence d'établir dans la prononciation du français à Dunkerque un accent spécial dont l'étude, pour être intéressante et nécessaire, nous entraînerait trop loin ; bornons-nous à dire que MALADE,

SALADE, s'articulent *Máláde, Sáláde ;* dans certains cas
O et A se confondent : *Charban   Charbon ;* il est souvent difficile de distinguer entre *Content* et *Canton ;* on
dit *Sarger* pour CHARGER, *Chachant* pour SACHANT, *Escayé*
pour ESCALIER, *Creier, Créiation* pour CRÉER, CRÉATION,
Maisonne pour MAISON, etc. On retrouve là, dans une
large mesure, l'influence des dialectes wallon et picard,
mais il en est une beaucoup plus sensible, c'est celle des
langues germaniques, particulièrement pour tous les
mots commençant par un G tels que GANT, GARÇON,
GATEAU ; par suite d'une émission gutturale ce G devient
une H aspirée et ces mots se disent : *Hant, Harçon,
Hâteau.*

Ne nous étonnons pas de cette influence germanique.
Jusqu'à la prise de possession définitive de Dunkerque
par Louis XIV, le français était pour les indigènes moins
familier que l'espagnol et sans doute moins pratiqué que
l'anglais qui ont laissé tous deux quelques vestiges dans
le parler local. Ex. :

Espagnol : *Patate* — Pomme de terre.
　　　　　Canari — Serin.
Anglais :　*Choler* (To Shool) — Traîner de côté et d'autre.
　　　　　Marier (To Marry) — Epouser.

Tous unanimement parlaient le flamand. Apprendre le
français fut, tout d'abord, un acte d'adhésion au nouveau
régime et une mode parmi la haute bourgeoisie locale ;
ce devint bientôt une nécessité quand un édit royal eût
interdit l'emploi du flamand dans les actes judiciaires
ou administratifs.

Ce fut le premier coup, suivi de beaucoup d'autres,
donné à la *Moeder Tael ;* le peuple n'en eut cure, il continua, *malgré tout,* à se servir de la langue des ancêtres.

Nous disons *malgré tout,* car peu à peu le flamand a
perdu à Dunkerque ses plus fortes positions et, s'il s'y
est maintenu, c'est la fidélité du peuple qui l'y a conservé. Au cours des 25 dernières années, il a été expulsé
des écoles, chassé des églises, délaissé peu à peu par la
classe bourgeoise qui a abandonné là, bien inconsidéré-
ment, un puissant élément d'influence morale et sociale,
fait fi, avec un inexplicable aveuglement, d'un idiome qui
donne la clef de toutes les langues du Nord, alors que sa
connaissance présente, dans un port comme le nôtre, un
incontestable intérêt pratique ; enfin, nulle part il n'est
plus étudié grammaticalement et littérairement.

Dans ces conditions, il n'y a qu'une chose qui doive
étonner, c'est que le flamand n'ait pas complètement
disparu de Dunkerque. Il n'en est pas disparu parce que
la population ouvrière et maritime en a conservé l'usage,
parce que les immigrants des campagnes et les Belges, si
nombreux dans notre ville, lui rendent incessamment de
nouvelles forces.

La lutte entre le français et le flamand se poursuit
toujours ; dans le champ clos limité par notre enceinte
étroite de murailles, nous pouvons constater une série de
faits qui ne sont pas sans intérêt pour le philologue, car
ils montrent en action les forces qui ont contribué à la
formation de toutes les langues modernes, chaque fois
que deux idiomes en présence se sont réciproquement
pénétrés et combinés.

Dans le parler dunkerquois, la part de l'élément
flamand est très importante ; du mélange des deux
langues est sortie une sorte de mosaïque dans laquelle
les pronoms et les mots invariables sont à peu près
absents, où les verbes tiennent peu de place, mais où les

noms et les adjectifs sont innombrables et varient considérablement d'une personne à l'autre suivant son âge, sa profession, sa position sociale et sa manière de vivre.

Cette sorte de mosaïque forme, en fait, un jargon difficilement compréhensible pour les étrangers qu'il étonne et, avouons le, qui choque également les puristes, qu'ils soient Français ou Belges. Néanmoins il est d'un usage si courant que tout habitant de Dunkerque, même s'il ignore le flamand, ne tarde pas à se familiariser avec un certain nombre de termes de cette langue qui se rencontrent bientôt tout naturellement sur ses lèvres.

Personne n'ignore ici ce que c'est que :

Beetje	—	Miette.
Wullbak	—	Boîte et tombereau à ordures.
Zuyntje	—	Balai à main.
Bleekje	—	Pelle à main.
Pooker	—	Tisonnier.
Steensand	—	Brique pilée, Sablon.

Il faut tout d'abord faire entre les mots flamands du vocabulaire courant une distinction capitale : les uns se sont francisés, les autres, et ce ne sont pas pour cela les moins employés, ont gardé leur forme ordinaire.

Parmi les premiers, nous citerons :

Escavelins	—	Shavelings	—	Copeaux.
Ecrapette	—	Shraaveel	—	Brosse à récurer.
Couque	—	Konke	—	Gâteau.
Mingue	—	Minck	—	Marché au poisson à la criée, d'où *Minquer*.
Clinquer	—	Klinken	—	Annonce, d'où *Clinqueur*.
Duel	—	Dwel	—	Torchon de grosse toile, d'où *Dueller*.

Le nombre de mots flamands admis dans le vocabulaire dunkerquois sans avoir subi d'altérations est presque indéfini et ils y prennent place à côté de leurs synonymes français en vertu de ce principe général que les peuples bilingues font choix, dans les deux idiomes dont ils disposent, des termes qui leur semblent les plus pittoresques ou les plus expressifs pour en émailler leurs discours. Citons au hasard :

Pannekouke	—	Crêpe.
Koukeboterham	—	Gâteau aux raisins de corinthes.
Suykerbollen	—	*Sucrades.* — Dragées dont on peut rapprocher *Sucre de Peck*, dénomination donnée à un bâton de réglisse.
Kaailooper	—	Coureur de quai. — *Campeur*, — Vagabond.
Knikker	—	*Marbre.* — Bille.
Boterham	—	Tartine beurrée.
L'expression « Manger une tartine » : *Collationner.* — « Faire son quatre heures » est d'un usage général.		
Penneleker	—	Employé, littéralement « Lécheur de plume ».
Moeder	—	Mère.
Vader	—	Père.

L'emploi des diminutifs est encore plus fréquent ; le Dunkerquois en use à tout propos ; pour lui tout homme est un *Ventje*, tout enfant un *Kindje*, chaque jeune fille une *Meisje*. Pour les garçons, la préférence se porte vers le français *Mousse*, emprunté au vocabulaire maritime ; un *Double Mousse* est un adolescent de 16 à 18 ans. Il n'en est pas autrement pour les adjectifs : *Kleintje*, petit ; *Armetje*, Malheureux.

Le *Je* flamand, signe du diminutif, se joint à presque tous les mots, y compris les noms de baptême, même français ; nous avons *Mitje* et *Maritje*, *Stina* et *Justintje* ; pour les noms communs, tous seraient à citer. Lorsqu'elle parle à son enfant, la Dunkerquoise dispose d'une foule de termes tendres, affectueux et charmants. C'est un *Cotje* à qui elle donne un *Zotje* ou un *Baise* avant de le déposer dans son *Bers*.

Voilà le parler populaire dunkerquois, et il nous serait facile de forger à profusion des phrases dans lesquelles interviendraient des *Bazennes* (Bourgeoises), le *Kotje* (Petit débarrassoir), la *Garde-Robe* où l'on serre le *Kleitje*, (Costume des dimanches) avec les *Dorures* (Bijoux).

Il faut se borner ; contentons-nous de reproduire quelques expressions qui montrent que les Dunkerquois parlent français en flamand.

La preuve de cette assertion est apportée par un très grand nombre d'expressions, de locutions et de tournures de phrases ; citons-en quelques-unes :

Une personne d'âge « plus ou moins profond dans les 40 », si elle est célibataire, est toujours, suivant son sexe, un *Vieux jeune homme* ou une *Vieille jeune fille*. Un petit d'animal est un *Jeune* : *Jeune de lion*, *Jeune de chat; faire ses jeunes*, en parlant d'une femelle, c'est mettre bas et, en parlant d'une femme, le mot *portée* est synonyme de *progéniture*.

Prêter répond à *emprunter* dans une phrase comme celle-ci : « *J'ai eu ce livre à prêter* ». Mais cette remarque nous amène à formuler quelques observations grammaticales.

Pour les substantifs et les adjectifs, au moins quand on les intercale dans des phrases plus ou moins françaises, exactement comme pour les Gaulois ou les Germains du VIe siècle qui voulaient parler latin, la notion de la déclinaison et des cas se perd ; on met tous les mots au nominatif et généralement au singulier. Si l'on a recours à un adjectif pour qualifier un nom flamand, ils sont l'un et l'autre tirés de cette langue.

D'autre part, bien plus souvent qu'en français, l'adjectif qualificatif est employé adverbialement ; un Dunkerquois dira très bien : « *Ce vieux jeune homme est mort* SUBIT ». Dans cette série, on peut ranger :

> *Prier beau.* — Supplier.
> *L'avoir dur.* — Avoir de la peine à.
> *Aller, à la douce.* — Se bien porter.

L'emploi des pronoms personnels est réduplicatif ; *il, le, lui, elle, eux, elles* viennent surabondamment renforcer le sujet, le régime direct ou le régime indirect du verbe : *Ma mère* ELLE *est malade.* Souvent le pronom reprend sa forme de relation normale : *Ma sœur,* ELLE *a dit à* LUI. Le pronom impersonnel *On* se substitue sans cesse au pronom personnel *Nous.* « *On a tous ri* » pour Nous avons tous ri.

Ne nous étonnons pas de l'usage respectif de ces pronoms ; même lorsqu'ils ignorent leur antique idiome, les Dunkerquois conservent à leur pensée le moule flamand dans lequel cette pensée s'est présentée à leur esprit. Ce fait si curieux d'atavisme intellectuel est sensible surtout dans l'emploi de verbes ou de formes verbales qui donnent à la contexture générale de la phrase une apparence toute germanique.

Le chapitre des verbes dans le parler dunkerquois provoquerait de nombreuses remarques s'il était possible de le traiter ici avec les développements qu'il comporte. Nous devons nous contenter de formuler quelques observations sommaires.

Les auxiliaires ÊTRE et AVOIR sont continuellement confondus et employés l'un pour l'autre : *Je suis couru. Elle a tombé.*

Comme dans les langues germaniques, DEVOIR, POU-VOIR et SAVOIR jouent le rôle de véritables auxiliaires : *Je dois boire*, Je bois, *Je ne sais pas faire*, Je ne sais pas.

En ce qui concerne la concordance des temps, c'est la syntaxe flamande qui prédomine. La phrase étrange et incompréhensible pour qui n'est pas du pays : *Il a dit de venir* pour : « Il a dit qu'il viendrait », montre l'emploi de l'infinitif là où nous mettrions le conditionnel.

Autre remarque essentielle : dans le parler populaire on fait toujours suivre la conjonction si du conditionnel présent ou passé substitué à l'imparfait ou au plus-que-parfait de l'indicatif *Si je pourrais, Si j'aurais pu faire.....*

Avec cela on peut signaler toute une série de verbes ou locutions particulières auxquels on donne des significations non admises dans le Dictionnaire général :

Goûter bon	—	Plaire.
Avoir de l'argent de bon —	Avoir une bonne créance.	
Donner la main	—	Aider à.

Ce sont des flandricismes.

Beaucoup de verbes intransitifs en français deviennent actifs dans la bouche des Dunkerquois et réciproquement : *Causer quelqu'un, Conseiller quelqu'un.*

Alors même que la nature du verbe ne se modifie point, il y a, pour certains d'entre eux, une confusion perpétuelle entre les propositions qui les accompagnent : *Marier contre* pour MARIER à ; *Parler contre* pour PARLER

A ; *Acheter contre* pour ACHETER A ; *Jeter sur la rue* pour
JETER DANS LA RUE. On dit aussi en ce sens *Jeter en voie.*

Très fréquemment le complément d'un verbe est supprimé :

Faire avec	—	S'associer à.
Prendre avec	—	Emporter.
Venir avec	—	Accompagner.

Ces façons de dire incorrectes seraient absolument
inexplicables si l'on ne se reportait au flamand : ce sont
des traductions littérales. La phrase si souvent entendue,
Quoi ce qu'il y a à faire est absolument la locution :
Wat is te doen? Il en est de même d'une foule de tournures analogues. *Passer la porte outre,* c'est franchir la
porte :

Tirer dehors	—	Arracher.
Boire dehors	—	Boire jusqu'à la dernière goutte.
Couper en bas	—	Trancher.
Cracher dehors	—	Vomir.

et ainsi pour un très grand nombre de verbes qui sont
composés en flamand.

Ces exemples nous donnent la clef d'une foule d'idio-
tismes et même d'applications syntaxiques ou de
manières de s'exprimer qui ne s'expliquent et ne se
justifient qu'en remontant à la langue-mère des habitants
de Dunkerque.

N'est-ce pas la syntaxe flamande qui fera dire à un
Dunkerquois : *Il est riche assez pour.....* *Hy is ryk genoeg
om te.....* au lieu de : « Il est assez riche pour..... »

Il est temps de conclure.

Cette esquisse suffit pour montrer que, à quelque point de vue qu'on le considère, le parler dunkerquois présente, dans son vocabulaire comme dans sa grammaire, des traits caractéristiques intéressants.

D'abord ce sont les signes qui témoignent d'une lutte continue entre les deux idiomes en présence et ensuite la persistance du flamand qui, de nos jours encore, sans culture littéraire, en dépit de toutes les forces coalisées contre lui, enseignement obligatoire, service militaire pour tous, presse à bon marché, se refuse à disparaître et résiste à toutes les causes qui auraient dû entraîner sa perte.

Quoiqu'en ait dit un philologue éminent, M. Ferdinand Brunot, Dunkerque n'est pas encore un « îlot français » dans la Flandre flamingante. Le vocabulaire dunkerquois reste flamand dans son essence et lorsque l'indigène parle français, ce sont les règles ou les tournures de la grammaire flamande qu'il applique. Comme l'a très justement proclamé Montalembert, cette persistance de la langue maternelle « est un fait aussi remarquable aux « yeux de l'historien que consolant pour celui qui estime à « sa juste valeur la dignité et la liberté humaine ».

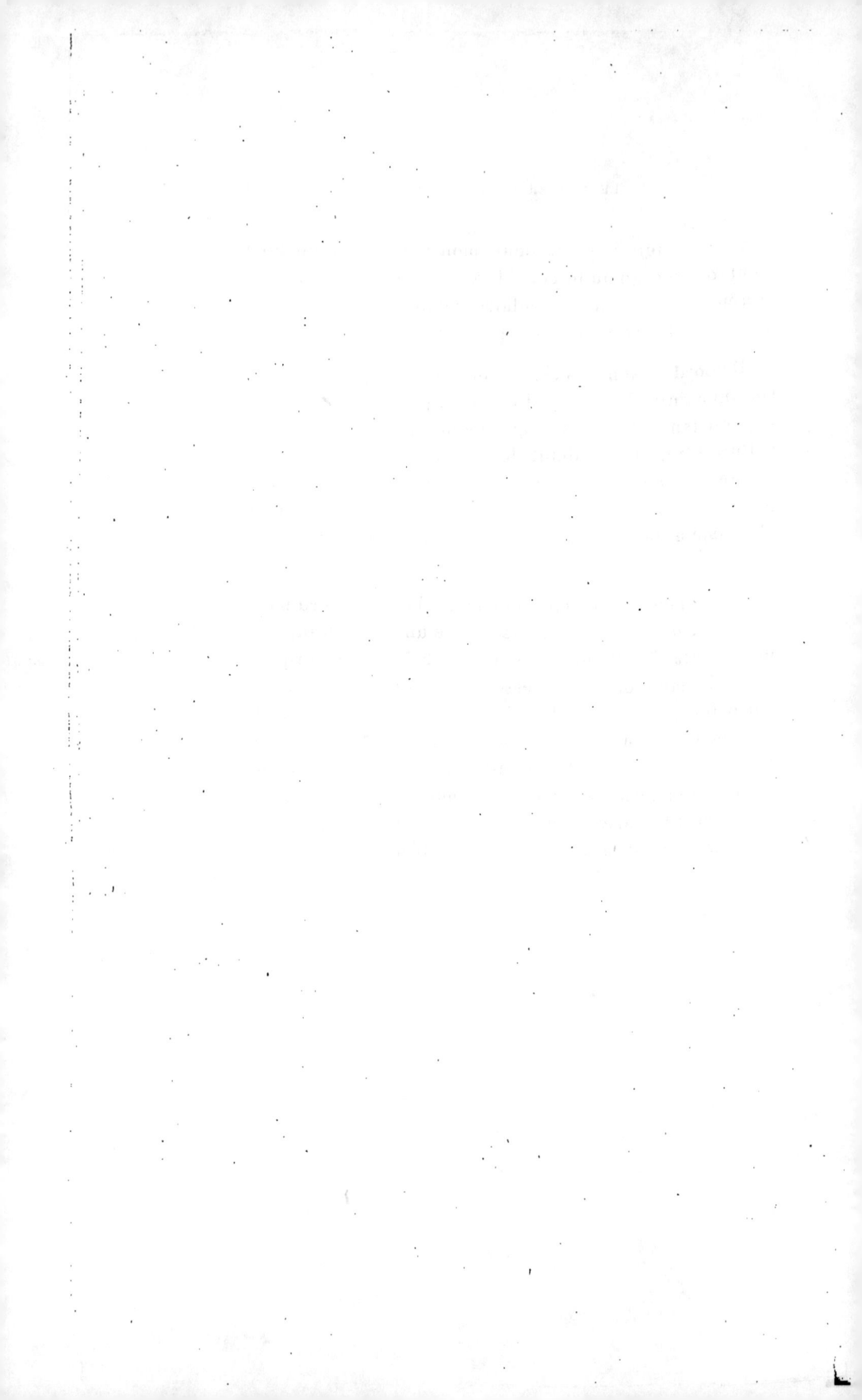

UN INTÉRIEUR FLAMAND

PAR M. JULES BECK

UN INTÉRIEUR FLAMAND

PAR

M. JULES BECK

Membre du Comité Flamand de France et de l'Union Faulconnier

———

Les Français, qu'ils soient régionalistes, artistes, touristes, collectionneurs ou gens suivant la mode, se passionnent de nos jours pour les mobiliers rustiques de nos diverses provinces. Les villes organisent des Musées d'art local, les expositions reproduisent des coins de vieilles cités ou d'anciennes maisons avec leur curieux intérieur : mas provençal, chaumière auvergnate, demeurance bretonne, maisonnette poitevine, etc. Comment donc se fait-il que nous n'ayons jamais vu dans ces expositions, la *Woonhuys* flamande qui tente pourtant si fréquemment le pinceau des peintres, avec ses tons chauds, ardents, éclatants de vie et d'effets, comme le faisait si bien remarquer M. Paul Themon au Congrès de Dinant.

Les plus caractéristiques de ces maisons, sont celles que l'on trouve enfouies dans nos dunes. Bâties sur un modèle presque uniforme, elles sont exposées au Midi pour recevoir le meilleur du soleil, tandis qu'au Nord le toit descend jusqu'à quelques centimètres du sol pour préserver l'habitation du violent vent de mer.

Ses murs blanchis chaque été, ses pannes flamandes d'un rouge vif récapées çà et là au lait de chaux, le millésime ancré dans le bâtiment, les volets verts comme pré et les fenêtres à petits carreaux sont un attrait pour l'œil que charment encore le rosier aux fleurs abondantes qui serpente sur la façade, la glycine dont les grappes délicates s'accrochent sous les pannes et les *Stock-roosen* qui bordent les pignons de leur altière floraison.

Au-dessus de la porte une petite niche creusée dans la muraille renferme une Vierge aux formes archaïques et sur un écusson aux contours gauchement rocailleux, une inscription flamande indique le vocable de la chère Dame : *Onze Lieve Vrouwe.*

Mais puisque nous voici près de la porte, voulez-vous entrer avec moi. ? Nous pourrons visiter ensemble les diverses pièces de l'habitation.

Aussi bien nous suffit-il de heurter le marteau *(de Klopper aen een deur)* ; aussitôt la partie supérieure de *l'Halvedeur* s'entr'ouvre et le *Baeze* nous souhaite la bienvenue.

Bien venus nous le sommes assurément, car la première chose que fait le maître de céans après nous avoir introduits, c'est de prendre sur la table le monumental pot en grès de Flandre qu'il s'en va remplir à l'office *(Spinde)* de la délicieuse bière blonde du pays.

Ne cherchez pas à refuser le canon ou au moins le *Canontje* qu'il vous offrira ; ce serait alors au tour de la *Bazinne* de vous présenter ses tablettes à café avec une tasse *(Schalle)* à grosses fleurs criardes, remplie jusqu'au bord de ce nectar si apprécié de nos flamandes, qu'un *Marabout* fait chauffer du matin au soir, sur la buse du poêle, l'eau nécessaire à sa préparation.

Tandis que vous prendrez l'une ou l'autre boisson, le Baeze ne manquera pas de vous recommander d'allumer votre pipe à la chaufferette de fumeur *(Vierpot)* qui semble disposée pour vous sur la table ronde aux trois pieds sculptés *(Dry vœtiege tafel)*. Vous aurez ainsi tout le temps de parcourir l'almanach curieux nouveau, *Tisje Tasje's*, la lecture favorite du grand'père et de jeter les yeux sur un billet de mort dont la dimension est proportionnée à l'importance du service qui sera célébré le lendemain pour le trépassé.

Après avoir ainsi donné tout le temps nécessaire à l'observation des lois de l'hospitalité flamande, nous pourrons enfin faire l'inspection détaillée de la maison.

Nous sommes ici dans l'*Huiskamer*, la chambre commune de l'habitation. Déjà sans doute vous avez été impressionné par l'exquise propreté de la pièce ; pour l'obtenir, le sol dallé de carreaux en damier est *Dweylé* chaque matin et saupoudré d'un fin sable blanc qui absorbe l'humidité.

Les chaises à dossier ajouré *(Leen-stoelen)* sont de la bonne époque de la renaissance flamande et faites d'après les innombrables modèles conservés par les fabricants de Bergues, de Bruges et de Malines. L'une d'elles, à gauche de la fenêtre, est occupée en ce moment par la Baezinne qui, les pieds sur la chaufferette *(Lollepot)*, travaille avec une merveilleuse dextérité au carreau à dentelles *(Spellewerck)* déposé sur ses genoux.

Un carreau rembourré pour les travaux à l'aiguille *(Vierkant Kussen)* et l'étui pour les aiguilles à tricoter *(Breinaalden)* déposés sur le chassis, prouvent d'ailleurs que la maîtresse de la maison est une excellente ménagère, mais la tabatière *(Snuyf-doos)* conservée à côté, dévoile aussi son défaut.

En face de la cheminée un bas de buffet aux formes gondolées, supporte un plateau garni d'un lourd service à café gagné par notre hôte au concours de l'été dernier. Ne lui demandez pas quel est son tir préféré, l'arbalète fixée au mur l'indique suffisamment, il fait partie d'un de ces anciens serments de Saint Georges si réputés dans les Flandres.

Près de la cheminée et à l'angle opposé, deux alcôves renferment des lits en cuve *(Kotje bedde)* aux multiples matelas que des claies d'osier *(Horde Van Wissen)* préservent de l'humidité des murailles. Des courtines ridées *(Gevouden Gordynen)* ou des rideaux d'indienne *(Spansel)* avec leurs falbalas retroussés à la Pompadour, garnissent l'ouverture de l'alcôve dont les galeries sont décorées de quelques assiettes et de minuscules tasses en faïence bleue, anglaise ou frisonne.

Un bénitier *(Wy Waters Vat)* de cuivre, d'étain ou de faïence et un chapelet à médailles *(Roosenkrans)* sont accrochés aussi sur le montant de bois du lit, à hauteur de la main.

Sur le portemanteau *(Kapstock)* des alcôves, nous voyons encore une minuscule coiffe de Zuydcootenersse qui vous prouve que nous sommes dans le voisinage de l'antique village de pêcheurs. Au crochet voisin est pendue la légendaire bassinoire *(Vyerpanne)* qu'un habile dinandier travailla jadis à coups de marteau.

Tout près de là le coucou sort à l'instant même de sa cage, pour remplir toute la maisonnée de son ramage étourdissant. C'est l'heure de préparer le souper sur le poêle flamand *(Stoof)* qui s'avance bien avant dans la salle pour lui donner abondamment sa chaleur bienfaisante. Le cercle de fer qui l'entoure permet aux hommes de se chauffer à l'aise en fumant la pipe et les deux longues tiges qui suivent la buse donnent le moyen de tenir secs et chauds les langes *(Luyren)* du nouveau-né.

C'est là que la famille aime à se réunir pendant les longues soirées d'hiver pour écouter quelque terrifiante légende du pays, comme celle du *Zielwagen* racontée par le grand-père ou la complainte *(Klachte)* qu'aime à chanter l'un des fils.

La cheminée est tout particulièrement intéressante avec son vaste manteau *(Schoukleedt)* garni d'une voilette *(Wiel)* en indienne violette empesée et plissée. L'intérieur est entièrement couvert de carreaux de faïence bleue. Des tringles à crocs *(haeck-rychele)* en cuivre ou en fer y supportent les ustensiles de ménage récurés, frottés, astiqués chaque semaine. Vous verrez là :

Le chandelier avec sa pierre à feu *(Viersteen)*.
Les mouchettes *(Keers-Snuyters)*.
L'écumoire *(Schuym-Spaen)*.
La hotte à allumettes de bois *(Wavel Stocken)*.
La cuillère à genièvre brûlé.
La pelle à crêpe.
Le fer à tuyauter.

Le tisonier *(Vierstok)*.

La pince à sucre candi.

La tenaille à feu *(Viertange)*.

La broche à rôtir *(Spit)*.

Le bleckje.

Le racloir de maie *(Mœle Schrabber)*.

L'anse de fer *(Potheyse)*.

La fourche à viande *(Vleesch-Gassel)*.

La tablette de la cheminée *(Sehoubanck)* a, elle aussi, un cachet bien original avec ses assiettes et ses tasses à fleurs, son crucifix en cuivre *(Kruisbeeld)* et ses hauts chandeliers de table. Une bouteille de la passion, des bouquets sous globe et une vierge de Marseille, rapportée il y a plus de cinquante ans par un oncle caboteur, complètent cette garniture.

Sous la buse du poêle est placé le fameux *Koole-bac* en cuivre, une des spécialités de la région flamande qui fait fureur chez les collectionneurs parisiens et à côté, le crachoir *(Spuigbackje)* indispensable aux incorrigibles fumeurs ou chiqueurs du pays.

De chaque côté du foyer un fauteuil à fuseaux *(Draegh Zetel)* souvent garni de confortables carreaux du XVIIIe siècle *(Banckussen)* est réservé aux grands-parents. La Baezinne vient justement de s'y asseoir et toujours active elle commence aussitôt à tourner le traditionnel rouet *(Spinwielken)* pour filer le beau lin de sa quenouille *(Spinrock)*.

Sur le grand panneau un peu obscur qui s'étend près de l'unique fenêtre, vous distinguerez une *Kanneboone* en chêne de la Renaissance flamande, toute chargée de canettes, d'écuelles à oreillons et de ces beaux plats d'étain à la double rose que les potiers dunkerquois du XVIIIe siècle excellaient à confectionner.

Dans le fond de la salle s'élève la massive garde-robe *(Kleerkas)* aux formes chantournées, dans laquelle la ménagère range ses vêtements et dresse ses piles de beau linge de Flandre parfumé de lavande et de serpolet.

Çà et là, on remarque encore dans la pièce :

Le plat à barbe *(Baert Schotel).*
La taille *(Kerfstock)* de boulanger.
La claquette de bois *(Kleppe).*
La lanterne en cuivre.
La roulette d'osier *(Rollewaer).*
La boîte à rape.
Les sabots de bois *(Houte Schœnen).*
Le fusil *(Vierstal)* accroché à l'une des poutres du plafond.
La modeste table de nuit du XVIIIe siècle *(Naecht Tæfelken)* à dessus de marbre de Flandre et à délicats pieds de biche que les collectionneurs modernes ont transformée en liseuse de salon.
Et enfin la fameuse cornemuse *(Sack Pype)* qui rappelle les joyeuses kermesses de Téniers.

Nous aurions bien voulu savoir alors quelles étaient les danses que pratiquaient les flamands au temps du célèbre peintre : Volte, branle, boutade, courante, pavane, rondeau, menuet ; ou quelque danse locale comme sont la bourrée d'Auvergne, la farandole de Provence, la dérobée de Bretagne et le fandango du Béarn, mais notre

hôte, malgré sa connaissance de toutes les vieilles traditions du pays, n'a pu nous renseigner à cet égard et la
question reste ouverte.

A gauche de la cheminée une petite porte à loquet de
fer mène dans la seconde salle, la *Groote Kamer*,
qui sert pour les réceptions aux jours de solennités.
C'est là que se réunit la famille pour la *Tripée* d'hiver et
qu'ont lieu les dîners de fiançailles, de mariage et de
baptême.

La massive table tirante *(Uuttreckende tafele,)* à pieds
renflés, du XVIIe siècle, occupe tout le milieu de la
pièce. Nous y remarquons le *Broodmes*, l'immense
couteau à pain qui servira à vous préparer une succulente
tartine de *Kouckebotteram* rapporté la veille de la
Kermesse du village voisin ; et à côté la ramassette en
bois sculpté qui dénote encore la minutieuse propreté
flamande.

Dans la vaste cheminée pend la crémaillère *(Hangel)*.
Une bouilloire *(Ziedende)* pour le thé de groseiller noir
y est accrochée au-dessus du fagot de bois de hêtre
qui flambe sur les chenets *(Brande-) ser)*. Le contre-
cœur *(Schouberdt)* en fonte du XVIIe siècle, placé au
fond du foyer, représente la scène de la Samaritaine.

L'immense manteau de la cheminée abrite également
deux chaises sur lesquelles les placides flamands aiment
à fumer leur bonne pipe à la fin d'un copieux repas. La
pelle à feu *(Vierschuppe)* qui pend à portée de la main,
leur permet de rallumer leur petit fourneau s'il vient par
extraordinaire à s'éteindre.

De temps en temps la *Vierpype* (pipe à feu) qui se
dresse dans un coin est utilisée pour ranimer les branches

de hêtre, tandis que la lampe à bec *(l'uylneuse)* suspendue près de la crémaillère, permet à la ménagère de surveiller la confection des bonnes crêpes *(Pannekoecken)* qu'elle confectionne sur la poêle à frire *(Braedt Panne)* à moins que ce ne soit le jour traditionnel d'un autre régal pour lequel elle utilisera le gaufrier *(Waselyser)* ou le gril en fer forgé *(Rooster)* qui sont là tout près.

Lorsqu'arrive la nuit de Noël, un tronc de racines de hêtre *(Kersavondblok)* est jeté dans l'âtre et toutes les autres lumières étant éteintes, la famille se réunit autour du foyer pour y passer la veillée en chantant les vieux *Kersliederen* du pays.

En continuant votre examen, vous remarquerez sur le manteau de la cheminée un de ces tableaux en carreaux hollandais si répandus dans les Flandres depuis el XVIIe siècle. Celui-ci représente en traits manganèses la Cène du Jeudi Saint, « *Lavond Maal J.-C.* »

A côté se trouvent un porte-pipes figurant les sept péchés capitaux et un râtelier aux couleurs heurtées qui contient une douzaine de cuillères rondes en étain *(Sœplepel)*.

Dans le fond de la salle nous admirons un rustique buffet vitré aux petits carreaux chantournés, véritable type du mobilier de la Flandre maritime, inconnu même du côté de Bailleul où ce meuble est remplacé par le dressoir abondamment sculpté.

A droite de la cheminée se trouve l'inévitable huche *(Broodt-troch)*; en face se dresse la légendaire horloge à grande gaîne *(Urwerck)*, puis çà et là sont placés : la planche à aiguiser, la maie *(Moylie)* ou la ménagère

compose ses bons gâteaux de famille : *Kanelkoucke,
Paptaerten,* etc., le lissoir et la presse à calandrer avec
lesquels elle donne à son beau linge de Flandre son
lustré si apprécié.

Tout le tour de la salle sont fixés des *Kannebonnes* à
mufles de lion *(Leeuw Muyl)*, couvertes de jattes à fleurs,
d'assiettes à coq, de cruches en grès et d'ustensiles en
cuivre :

Pot au lait *(Melck Kanne)*.
Cafetière *(Koffiekanne)*.
Fer à repasser *(Strij Kijzer)*.
Marmite *(Mœspot)*.
Pot à étouffer *(Demp Kuyl)*.
Pot à huile *(Tuyt Kanne)*.
Mortier *(Tuymelaer)*.
Puisette *(Putse)*.
Balance à fléau.
Panier en laiton de forme tronconique.
Cruche à 3 anses *(Keiser Karel Kruycke)*.
Cruches à anneaux *(Ringkruycke* et *Wurstkruycke)*.
Cruche à long goulot *(Tootkruycke)*.
Cruche à surprise *(Zuigerken)*.
Bauertanz Kruge.
Kirmistanz Kruge.
Snelles, etc.

Des poutres du plancher tombe un chandelier pendant *(Blaker)* chargé de chandelles jaunies *(Smeerkeersse)*
et sur tous les murs sont accrochées de réjouissantes
scènes de Jordaens, de Téniers, de Steen ou des repro-
ductions des œuvres des primitifs flamands : Memling,
Van Eyck, G. David, etc.

Des brise-bises à petits carreaux blancs et rouges et des lambrequins découpés en cœur ornent les fenêtres avec une harmonie parfaite et complètent à souhait l'ameublement de la salle.

Une porte au fond de la pièce s'ouvre sur la relaverie *(Waschkamer)* où nous remarquons : la couronne à viande enfumée *(Gerockt Vleesch Hangk)*, le joug pour les seaux *(Jock)*, la massive table de cuisine *(Houbanck)* et le râtelier à vaisselle *(Schotel-Recke)*.

Sortant alors par la porte de derrière *(Achte Deure)* nous revoilà dans la cour, en face de l'antique puits à balancier *(Put Steyger)* qui donne sans fatigue une eau toujours abondante.

La maison villageoise que nous venons de visiter ne possède qu'un mobilier rustique et des ustensiles d'art populaire en rapport avec les goûts et les mœurs de ses habitants ; nous n'avons donc pu y remarquer ces beaux meubles de l'art gothique et de la renaissance flamande : bahuts bardés de fer, crédences, armoires à multiples vanteaux, dressoirs, lits à colonnes, scribanes, clave-cins, etc., que nous admirons dans les musées et les expositions de Belgique.

Qu'il nous soit permis en terminant d'exprimer le vœu que la Ville de Dunkerque soit bientôt en possession, elle aussi, d'un de ces musées de notre vieil art local, afin que nos artisans puissent s'y inspirer, pour redonner à leurs œuvres le cachet d'originalité que l'on aime à retrouver de nos jours dans chaque province.

LE COSTUME FLAMAND

PAR M. JULES BECK

LE COSTUME FLAMAND

PAR

M. JULES BECK

Membre du Comité Flamand de France et de l'Union Faulconnier

La coiffure a été de tout temps la partie la plus caractéristique des costumes si variés de nos paysannes françaises.

C'est à la coiffe surtout que l'on distingue la Bretonne de la Normande, la Provençale de la Catalane, l'Angevine de la Vendéenne.

Une des conséquences de l'attrait qu'ont actuellement les érudits pour l'histoire de nos différentes provinces, a été la recherche et l'étude de ces costumes locaux ; nous voudrions par ces quelques notes attirer également l'attention sur le costume flamand et promouvoir chez nos Landzedistes une série de recherches et de commucations qui augmenteraient encore la connaissance des mœurs de notre vieille province.

*
* *

Au XIVe siècle les flamandes portaient la Gugel blanche, la Gorgerette ou la Guimpe, toutes coiffures en forme de voile qui encadraient la figure et le cou et tombaient sur les épaules ; ce genre de coiffure était encore de mise dans certaines de nos régions au XVIe siècle.

Un assez bon nombre de bourgeoises adoptèrent aussi la Huve que l'on continua à porter dans les Pays-Bas jusqu'au XVIIe siècle et qui donna même son nom aux coiffes flamandes de toutes formes (Huyve).

*
* *

Le XVe siècle est l'apogée des grandes variétés de coiffures. Il y en eut un nombre infini qui se perpétuèrent à partir de ce moment dans les campagnes.

Dans les Pays-Bas on porta le Bourrelet, le Hennin, le Voile empesé sur une carcasse de fil de fer et l'Escoffion avec la templette.

*
* *

Au XVIe siècle les coiffures locales s'accentuent de plus en plus, les hollandaises commencent à porter leurs disques d'or, tandis que les flamandes adoptent certains vêtements spéciaux qu'ont dessinés Vecellio et de Bruyn : l'huve ou cornette en dentelles descend comme une coiffe à la Stuart par dessus le front, les côtés vont en s'évasant, laissant à la templette le soin de protéger les tempes et les oreilles et le fond est en méplat. Sur cette coiffe les femmes portaient un manteau ou Huiken, prédécesseur de la mante à capuchon qui s'arrondissait parfois de chaque côté de la tête et sur lequel elles mettaient encore le fameux chapeau de paille noire en forme de bol renversé.

C'est d'ailleurs le costume que l'on voit représenté sur une vue de Duynkercke gravée pour le Théâtre des cités du monde, publié à Cologne en 1572 par de Bruyn.

A la fin du siècle, quand la dentelle aux fuseaux eut pris son essor, les flamandes commencèrent à porter ces merveilleuses coiffes de rescul (gebreyde Huyve) dont elles relevèrent la passe comme un diadème, et les volumineuses collerettes de dentelles (gebreyde hals doecken) dont nos aïeules étaient si fières.

* *

Au XVIIᵉ siècle, comme en témoignent les peintres de nos Kermesses, l'huve et le chaperon coiffent encore un certain nombre de paysannes flamandes, mais la plupart ne portent plus qu'une petite calc de toile blanche à oreillères, avec sommet aplati et rond.

Le corsage sans manches est encore coupé carrément, lacé sur le devant et retenu par des bretelles, les manches et le col de la chemise restant ainsi bien apparents. La jupe courte, de nuance unie qui tranche vivement avec la couleur criarde du corsage est parfois bordée de velours et toujours couverte du tablier blanc.

* *

Au XVIIIᵉ siècle la cornette flamande continue à être privée de pattes pour le travail, mais des barbes sont ajoutées à la coiffe les jours de cérémonie et souvent elles sont relevées sur le sommet de la tête comme le sont encore celles de nos Bazinnen.

* *

Au XIXᵉ siècle les bonnets si nombreux dans la première partie du siècle, disparaissent peu à peu. Il

serait superflu de détailler ici les causes de cette disparition ; elles ont été les mêmes dans toutes les provinces :
la coquetterie qui excite les femmes de la campagne à
s'habiller comme les dames de la ville avec lesquelles
elles sont en rapports plus fréquents et le machinisme
qui donne à meilleur compte les nouveautés de Paris.

Toutefois le costume local n'est pas entièrement perdu
chez nous et en parcourant la plaine flamande l'observa-
teur ne manquera pas de remarquer des toilettes tout à
fait spéciales à certaines communes, surtout parmi nos
populations maritimes qui résistent mieux à l'envahissement des vêtements uniformes. Nous avons du mal à
nous habituer à la fermière en chapeau, il nous serait
moins facile encore de nous faire à la marchande de
poissons vêtue à la Parisienne.

Pourtant cette regrettable transformation s'opère
parfois ; en tous cas, la fièvre de la mode atteint de plus
en plus nos jeunes flamandes et déjà il devient difficile
de recueillir tous les documents qui concernent le
costume du pays. Nous espérons pourtant que l'on
parviendra à compléter ceux que nous avons pu réunir.

Dunkerque

Bazinnen. — Bien qu'elles ne le portent plus habi-
tuellement, les femmes de marins conservent toujours
dans leur garde-robe le pittoresque costume local de
leurs aïeules pour le revêtir aux jours de grandes solennités.

La cornette en batiste avec fond en méplat, est ornée
de deux longues barbes relevées sur le sommet de la

tête suivant la mode du XVIIIe siècle. Ces barbes enca-
drent la figure comme les ailes d'un goëland en repos,
disait poétiquement en 1852 (1) Amédée Gréham qui se
plaisait à remarquer que la Bazinne dunkerquoise est
fraîche comme une algue marine, vive comme une
dorade.

Sous sa légère cornette, la Bazinne a toujours soin de
mettre un serre-tête en toile pour se garantir contre les
intempéries du climat.

Le casaquin à longues ou à courtes basques, suivant
la condition de celle qui le porte : femme de patron ou
femme de pêcheur, est en lampas ou en perse, toujours
à fond blanc ramagé de fleurs.

Le jupon qui laisse apercevoir les chevilles est en
soie ou en laine damassée.

Un tablier, autrefois rouge quadrillé de noir, actuellement en soie gorge de pigeon, avec ou sans bavette, est
attaché à la taille.

Sur le casaquin un fichu de dentelles va se croisant
jusque sous la ceinture dorée à laquelle pendent le
trousseau de clefs et la paire de ciseaux.

Les mains sont couvertes de mitaines.

De longues boucles d'oreilles dites « Cloches », une
lourde chaîne d'or plusieurs fois enroulée autour du cou,
une croix flamande à la Jeannette, des bagues à tous les
doigts complètent cette riche toilette.

---

(1) La France Maritime, tome II, page 112.

Femmes de marins. — Les dimanches ordinaires, les femmes de marins portent une robe de mérinos noir, un petit châle broché de couleur tendre et bordé d'effilés de soie, croisé sur les épaules, un tablier de soie noire et un bonnet rond en mousseline blanche à ruche vaporeuse. Les bijoux sont les mêmes que ceux qui sont portés avec la toilette de Bazinne.

Pour les enterrements la femme de marin met encore le manteau de drap noir à double cloche et à col de velours qui a commencé à remplacer vers 1850 l'antique mante à capuchon que toutes les femmes du peuple, ouvrières, domestiques, portaient autrefois.

Quelques vieilles femmes sont restées fidèles au bonnet à bavolet, mais il devient de plus en plus rare. Quant au bonnet à la Jeannette que l'on portait il y a une soixantaine d'années, il est actuellement tout à fait inconnu.

*
* *

Dames du Mynck. — Pour la vente du poisson les femmes de marins portent un court jupon en molleton noir chargé d'un pli. Lorsqu'elles veulent faire de la coquetterie, le vêtement est légèrement plus court que la jupe de dessous en laine rouge.

Le casaquin en étoffe épaisse est pincé à la taille sous la ceinture du tablier à petits carreaux bleus et à larges cordons blancs soigneusement gaufrés par la repasseuse.

Le bonnet en tulle, piqué de fleurettes, est rond et bordé d'une ruche rayonnante avec passe de trois ou quatre rangs tuyautés.

Aux pieds, la marchande de poissons porte de préférence des patins de bois semelés de peaux de mouton.

En hiver un châle de laine est croisé sur les épaules, un mouchoir violet et blanc emmaillotte la tête et d'épaisses manchettes tricotées enveloppent les bras qu'engourdirait facilement la longue mise en caisse des millions de sprotten, cette fructueuse pêche de janvier.

*
* *

Baezes. — Le costume des Baezes dunkerquois généralement porté par nos marins flamands au temps de Napoléon Ier, a complètement disparu et les gravures seules nous permettent de le reconstituer de temps à autre.

Il était d'une originalité extrême : Aux oreilles percées avait été soudé un anneau d'or (oorbagge), les cheveux longs et lisses étaient taillés à l'écuelle sur la nuque et deux mèches en tire-bouchons tombaient entre les oreilles et la barbe en collier. Un chapeau de castor à longs poils complétait cette partie de la toilette. Sous Louis XVIII cette coiffure fut remplacée par un chapeau rond en feutre verni, à bords plats.

La veste de drap bleu à courtes basques était garnie de boutons dorés. Le gilet de laine rouge, très long, bordé de multiples rangées de petits boutons de nacre très serrés était généralement déboutonné jusqu'à la ceinture et recouvrait un second gilet en basin fermé sur le côté par de gros boutons d'os. Ce gilet blanc montait jusqu'au col rabattu de la chemise qu'ornait un foulard rouge ou jaune.

Un cotillon ou petit jupon en toile tannée, froncé à la ceinture, était retenu autour des reins par une boucle en argent.

De larges culottes bouffantes en toile blanche laissaient voir les bas de laine bleue. Comme dernier ornement une boucle d'argent garnissait les souliers noirs.

Actuellement le marin de Dunkerque et des environs revêt simplement pour s'endimancher le veston bleu marine et le chapeau melon. Lorsqu'il doit faire des courses en ville les jours de semaine, il se contente de la casquette de marin en drap bleu, qui a remplacé depuis une vingtaine d'années la casquette en velours.

**

Minne. — La Minne dunkerquoise est bien reconnaissable à sa jupe de mérinos noir, son casaquin blanc parsemé de petites fleurs et muni de basques très froncées, son châle en soie blanche brochée tout garni d'effilés et son tablier de blancheur immaculée.

Le bonnet est celui de toutes les Dunkerquoises : fond de tulle brodé et ruche rayonnante.

Il y a une vingtaine d'années les vieilles Minnen qui n'étaient pas en service, portaient encore le mantelet à capuchon, le tablier de cotonnade à petits carreaux, le casaquin d'indienne lilas et le bonnet à bavolet.

**

Bourgeoises. — En 1820, les bonnes bourgeoises de Dunkerque étaient parées de riches coiffes aux multiples barbes de dentelles entrelacées qui valaient un prix exorbitant, des centaines de francs quelquefois.

En 1850 les petites bourgeoises ne portaient pas encore le chapeau, mais leurs bonnets à bavolet, ornés de broderies et de rubans éclatants, leur revenaient beaucoup plus cher que les chapeaux.

Une photographie de 1860 montrant la foule massée sur la place Napoléon, témoigne qu'à cette époque le bonnet était encore la coiffure de la majeure partie des femmes de Dunkerque.

*
* *

Domestiques. — Il y a cinquante ans, les domestiques à Dunkerque n'auraient pas osé mettre un chapeau. Elles se coiffaient la semaine d'un bonnet de linge, le dimanche d'un bonnet garni de broderies et de rubans roses, verts ou bleus.

Le reste de la toilette comprenait une jupe de calmande noire, un tablier rouge, un casaquin pincé à la taille sur lequel elles croisaient un petit châle des Indes. Une chaîne d'or faisait plusieurs fois le tour du cou et les oreilles étaient ornées de fortes boucles tombant presque sur les épaules.

Pour sortir elles mettaient également l'ample mantelet de drap à capuchon avec agrafe d'argent et bord de velours.

Actuellement la plus grande partie des domestiques ne porte plus le bonnet même en service, et beaucoup de celles qui y sont astreintes ont adopté une minuscule crête de tulle ruchonné qui emboîte simplement le chignon. Toutes, lorsqu'elles ont sortie, mettent le chapeau parisien.

⁎ ⁎

La femme d'ouvrier. — En 1850 les femmes d'ouvriers ne portaient que le bonnet. Actuellement, lorsqu'elles s'habillent, elles sont en chapeau.

Pour faire leurs courses de ménage, les plus âgées ont encore un bonnet de tulle, les jeunes sont nu-tête et se contentent en hiver de couvrir leur chevelure d'un châle de laine tricotée.

Presque toutes les femmes mariées ont conservé le tablier à petits carreaux; les jeunes filles préfèrent le tablier festonné.

ROSENDAEL

Les femmes de Rosendaël sont restées fidèles à l'ancien tablier de toile quadrillée.

Le bonnet en tulle brodé est le même que celui de Dunkerque.

En hiver les jardinières se couvrent la tête d'un gros châle de laine noué autour du cou.

Lorsqu'elles vont livrer leurs légumes, elles portent généralement un caraco et un châle de laine à franges croisé sur la poitrine.

Les jardiniers ont à peu près tous abandonné la blouse bleue et la casquette de soie.

FORT-MARDYCK

Les femmes de capitaines portent un caraco bordé de velours, une jupe de mérinos noir, un tablier de soie noire, des bottines et un bonnet de tulle recouvert d'un mouchoir de couleur éclatante porté en fanchon, mais replié sur le sommet de la tête pour ne pas écraser la ruche du bonnet. Ce mouchoir est toujours bordé d'effilés.

Les cheveux sont en bandeaux lisses, séparés par une raie centrale.

Les jeunes filles de Fort-Mardyck, à la place du caraco, portent un corsage de couleur très voyante, pincé à la taille et à basques plus courtes qu'il y a une vingtaine d'années. Un châle de soie à effilés de couleur tranchante, plus voyante encore que celle du corsage est posé sur les épaules.

Des chaînes, broches et bagues en or, complètent cette toilette.

Comme chaussures des bottines.

Le bonnet ne comporte plus la grande aigrette tuyautée d'antan, mais une ruche rayonnante. Il n'est guère différent de celui de Dunkerque.

Lorsqu'elles viennent vendre leur poisson, les Mardyckoises ont presque toujours un mouchoir de couleur sur le bonnet blanc ; un corsage de couleur ; un jupon court en molleton noir avec pli permettant d'allonger le vêtement lorsque le bord est usé ; une jupe de dessous en laine rouge ; un tablier de toile bleue et des souliers.

Les veuves portent un mouchoir noir sur le bonnet.

ZUYDCOOTE ET BRAY-DUNES

On trouve ici deux costumes locaux : celui des femmes et celui des jeunes filles.

Les vieilles femmes portent l'ancienne coiffe : petit béguin à bavolet avec large passe et fond en dentelles garnis d'entre-deux brodés. La passe est bordée d'un petit ruchet tuyauté. Elles tuyautent aussi les entre-deux, les bouts des brides nouées sous le menton et les extrémités des barbes qui pendent sur la nuque.

Leurs cheveux sont divisés en bandeaux formant dentelure sur le front et en une multitude de petites tresses qui ne déforment aucunement le béguin.

Cette coiffe qui coûte assez cher comme matière première et comme entretien, n'est portée que le dimanche et les jours de fêtes. La toilette est alors complétée par une jupe de mérinos noir, un corsage à courte basque toute plate, un châle à fond blanc garni d'effilés, des souliers et un tablier de soie noire.

Pour venir vendre son poisson au marché de Dunkerque, la Zuydcootenersse porte des sabots, un béguin en piqué avec bavolet et nœud de nuque, de même forme que la coiffe brodée, un corsage épais rentré sous le jupon, un tablier en gros bleu lustré, une jupe de laine couleur indigo et un mouchoir de grosse cotonnade à lignes violettes dont les pointes sont croisées sur la poitrine.

L'hiver elles mettent sur la coiffe un mouchoir d'indienne à fond blanc qui est noué autour du cou.

Lorsqu'elles se livrent à leurs occupations de ménage, les femmes de Zuydcoote sont pieds nus et portent un béguin lilas dont le fond est garni de trois plis ; la passe à l'oreille arrondie est entourée d'une fronce tuyautée. Ce béguin de couleur possède également des brides au menton et un nœud coulissé à la nuque.

Les jeunes femmes et les jeunes filles de Zuydcoote et de Bray-Dunes ont abandonné l'original béguin de leurs mères et adopté un bonnet rond qui possède pourtant un caractère bien local.

En forme de petit bol renversé, cette coiffe a un fond en tulle piqué de fleurettes avec contour de ruches superposées. Ce petit bonnet couvre simplement le chignon, laissant à découvert le blond bourrelet de cheveux mousseux retroussés tout autour du front. Des brides attachées sous les oreilles sont nouées sous le menton, tandis qu'un second nœud empesé, placé sur la nuque, y fait l'effet d'un papillon blanc.

La jupe de mérinos noir, tranche avec la couleur éclatante du corsage à petite basque. Les épaules sont couvertes d'un châle à effilés dont la nuance est presque toujours en guerre déclarée avec celle du corsage.

Le tablier en soie noire est attaché par deux longs rubans de moire qui pendent par derrière jusqu'au bas de la jupe.

GRAVELINES

A Gravelines, aux forts Philippe et aux Huttes, les femmes de marins possèdent un bonnet très différent de celui de Dunkerque. Le fond à trois pièces est orné dans sa partie centrale de broderies et d'entre-deux tuyautés, les côtés sont en tulle, la passe est garnie d'une ruche anguleuse.

Avec la jupe noire les femmes portent un casaquin noir à longue basque plate, celui des jeunes filles est en couleur éclatante, toutes portent sur le casaquin un châle de soie blanche, broché et garni d'effilés. Le tablier est en soie noire.

Les vieilles femmes au lieu du bonnet de tulle portent un serre-tête en basin amidonné, garni d'une petite passe brodée.

Pendant leur deuil les veuves abandonnent le bonnet et le remplacent par un mouchoir noir qui encadre la tête en s'avançant à tel point sur les côtés de la figure qu'on ne peut presque plus distinguer le visage.

BOURBOURG

Si vous allez au marché de Bourbourg vous remarquerez que les lingères du canton donnent aux bonnets qu'elles confectionnent un tour de garniture qui leur est tout spécial.

BAILLEUL

Dans le canton de Bailleul les femmes ne revêtent pas le bonnet blanc, mais une coiffe en laine noire tricotée.

PAYSANNES

Vers 1840 les fermières cossues des environs de Dunkerque portaient encore une coiffe spéciale composée

de petits plis rattachés par un nombre considérable
d'épingles, ce qui lui faisait donner le nom de bonnet à
mille épingles. On a prétendu qu'elles l'avaient abandonné parce qu'elles ne trouvaient plus de repasseuses !

En 1850 les paysannes venant au marché du samedi
portaient un manteau de drap, un petit bonnet de linge
sur lequel elles jetaient un ample mouchoir de couleur
plié en pointe et noué négligemment sous le menton en
même temps qu'il flottait comme un voile sur les épaules.

Actuellement toutes nos fermières sans exception
vendent leurs poulets coiffées de l'universel chapeau de
saison lancé par la mode parisienne. Tous ceux qui ont
vu le marché de Middelbourg avoueront que le pittoresque
n'est pas resté chez nous.

Paysan

Le costume du paysan flamand a perdu également
tout caractère. Comme le citadin il porte la jaquette et le
chapeau de feutre.

L'antique saie gauloise qu'il passait sur sa redingote
à courtes basques pour venir en ville est oubliée depuis
longtemps et la casquette de drap festonnée de soie ou
à oreillères ne se rencontre plus que bien rarement.

Bruges

On voit encore à Bruges quantité de femmes portant
le Kapmantel, mante à large capuchon et le bonnet de
linge qui s'harmonisent si bien avec les pignons à pas
de moineaux et les ponts à dos d'âne de l'archaïque cité.

C'est aussi le pays des vieux bijoux en filigrane d'or sertis de diamants.

Alost

Les femmes d'Alost portent, lorsqu'elles se rendent en ville, aussi bien qu'au travail des champs, un mouchoir rouge sur la tête.

Anvers

C'est le pays d'origine du béguin à barbes arrondies qui semble devenu la coiffe nationale de la Belgique.

Quelques femmes, mais combien rares, le couvrent encore de la capote en paille blanche dont la forme date, semble-t-il, du temps de la première Reine des Belges.

Campine

Les femmes de la Campine portent sur la tête des *failles*, sorte de mantilles à l'espagnole, en lourde soie, drapées à plis raides. C'est la seule partie du costume qui ait conservé un caractère national et original, avec le bonnet blanc en forme de casque à ailes arrondies, ornées d'un galon d'argent ou d'un bord serré d'épingles microscopiques. Les fermières aisées portent des jaquettes galonnées de velours et sur la poitrine de grands cœurs d'argent garnis d'une poussière de diamants.

(L. Van Keymeulen : *Esquisses flamandes et hollandaises*).

* *

A la suite de ces quelques notes fort incomplètes, il me reste à réitérer un vœu : c'est qu'il soit fait un effort pour la rénovation du costume flamand au moins dans certaines circonstances. Pourquoi laisserait-on d'autres provinces de France agir seules dans ce sens ? la Festo Viergi nenco, la fête de l'Eglantine, le Pardon des fleurs d'ajonc sont des solennités ravissantes auxquelles le costume local donne le cachet le plus pittoresque. Ne surgira-t-il pas aussi dans nos plaines un poète du terroir pour organiser quelque éblouissant Landjuwee[1] en l'honneur du costume flamand.

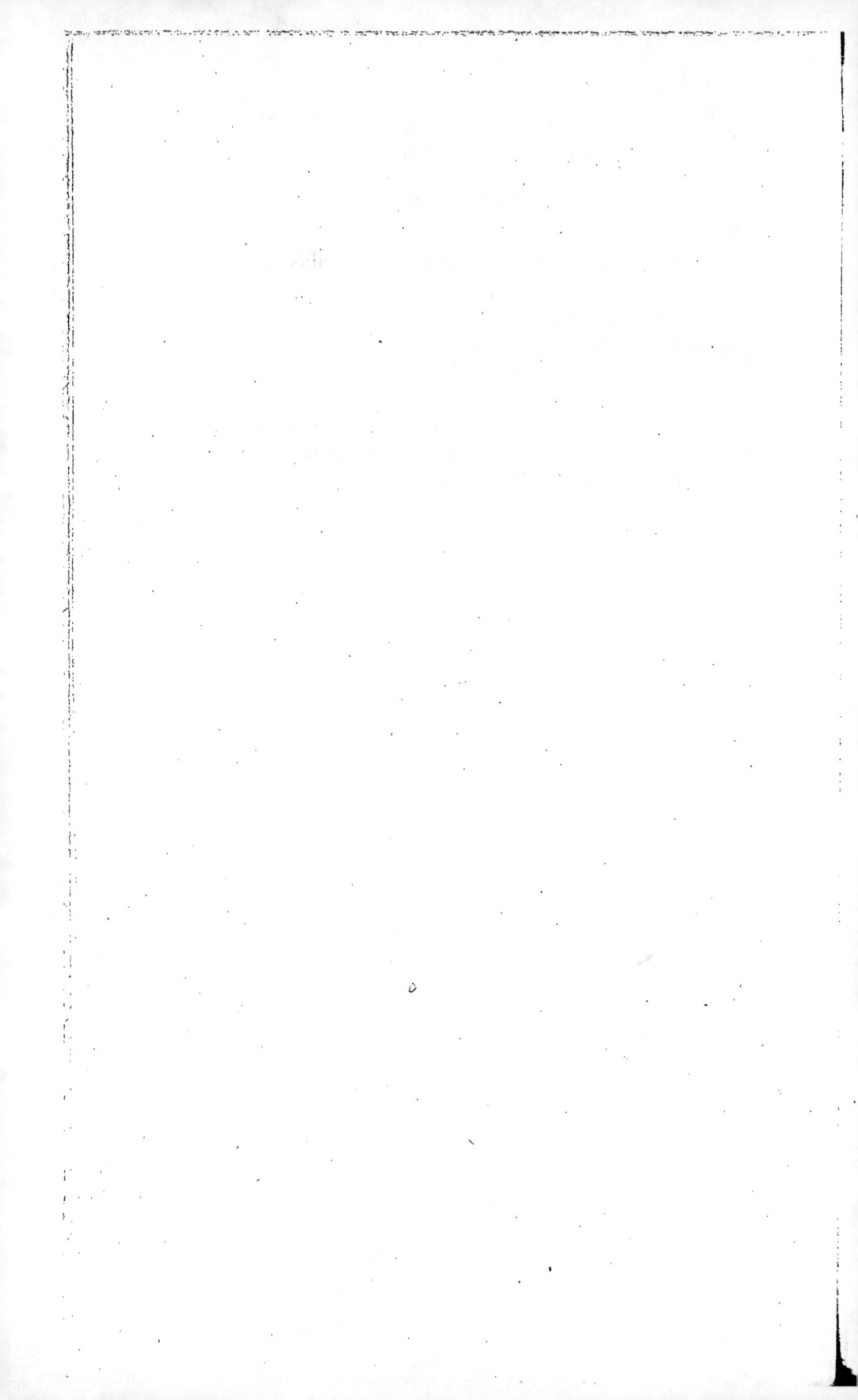

CONCORDANCE

DU PATOIS & DU ROMAN

PAR M. LE Dr H. BOMBART

CONCORDANCE du PATOIS & du ROMAN

PAR

M. LE Dr H. BOMBART

Membre titulaire de la Commission Historique du Département du Nord, de la
Société d'Emulation de Cambrai, de la Société Archéologique d'Avesnes,
de la Société Nationale de linguistique, etc.

La concordance des patois et de la langue romane a
toujours été remarquée de ceux qui étudiaient nos vieux
trouvères ou compulsaient nos archives.

Pour ma part, je n'hésite pas à affirmer que notre
patois n'est autre chose que la langue romane telle que la
tradition orale l'a transmise aux générations qui se sont
succédé depuis 700 ans, je n'hésite pas à caractériser
ce remarquable fait de linguistique en disant que le
patois est un *arrêt de développement* de la langue française.

Je vais donc prouver l'identité du patois et de la
langue du XIIe et de la première moitié du XIIIe siècles
en montrant que tout ce qu'on enseigne sur les étymolo-
gies, la formation, la grammaire et l'écriture de la langue
romane, est rigoureusement applicable au patois, mais je
dois avertir que si les différentes règles ont été puisées
dans divers auteurs, l'application que j'en fais au patois
m'est toute personnelle, aussi les mots empruntés aux
dialectes sont-ils imprimés en caractères gras.

I — PHONÉTIQUE

Voyons donc quelques-unes des règles qui ont présidé au mécanisme de la transformation du latin vulgaire en roman, en particulier la loi des atones indispensable à connaître. Des syllabes qui composaient le mot latin, la langue romane n'en a conservé en général que deux, la première et la tonique, les autres sont tombées :

Viridem > *Verdem* > **Verd** > Vert ; — *Collocare* > *Calcare* > **Couquer** > Coucher; — *Galbinum* > *Galbum* > **Gaune** > Jaune ; — *Evigilare* > *Evilare* > **Eviller** > Eveiller.

O tonique devient uo, ue.

Bovem > **Buef** ; — *Cor* > **Cuer** > Cœur; — *Doleum* > **Duel** > Dœuil.

Vers la fin du XIIe siècle *ue* a pris le ton simple eu, oe, etc. *Filiolum* > **Filuel** > Filleul; — *Ovum* > **Uef** > Œuf.

O entravé reste o.

Appodiare > **Appoyer** > Appuyer.

Ce n'est que tardivement que O suivi d'une N mouillée aboutit à oin ; *longe* a donné d'abord le patois **Lonc**, puis le français loin.

Pour la voyelle E, bornons-nous à signaler la règle très ancienne de la diphtongaison des voyelles ouvertes en vertu de laquelle *Petra* > Pierre; — *Febris* > Fièvre; — *Beveris* > Bièvre ; ce qui explique les patois : **Tiete** > Tête ; — **Biete** > Bête ; — **Tierre** > Terre.

B intervocalique passe à V : *Faber* > Fèvre ; — *Febris* > Fièvre.

V disparaît quand il est placé après ou avant O et A : *Nubam* > Nuvam > Nue, d'où les patois *Diabolum* > *Diavolum* > Diaule ; — *Tabula* > Tavola > Taule > Table.

Comme B, P devient V : *Ripam* > Rive et en patois *Operare* > Ouvrer.

Une transformation propre au roman et au patois est celle du V en G : *Vadum* > Gué ; — *l'espam* > Guêpe, ce qui justifie Wastel > Wasteau > Gâteau ; — *ibisius malva* > ivisius malva > Wimove.

A la fin des mots V se change en F que l'ancien français supprime souvent : *Bovem* > Bué, Bœuf, tandis que D final passe à E : *Grandem* > Grant, Grante. Cependant, la transformation n'est pas générale puisque nous trouvons vert et verdure, vendre et vente.

Inversement T a donné D dans *Adjuvare* > Aider, et dans le patois *Cubitum* > Coute > Coude.

On adoucit les mots en I initial suivi d'une consonne en leur préposant un E euphonique : *Strictum* > étroit ; — *Otupa* > Etoupe. Dans l'ancien français, la règle est toujours appliquée : *Statua* > Estatue ; — *Scorpio* > Escorpion. Le français présente à ce sujet de nombreuses irrégularités : *Esclandre* et Scandale ; — *Ecrouelles* et Scrofules.

G devant A, E, I devient J : *Galinam'* > Geline, mais A conserve le son dur dans les patois : *Gambam'* > Gambe > Jambe ; — *Gardinum* > Gardin > Jardin ; — *Galinam* > Gleine > Gheline.

C initial ou médial se change en G devant A, O, U :
Clarum, Glaire, ce qui ne s'est pas produit dans les
patois : Ficum > **Fique** > Figue, ou se syncope : *Plicare*
> **Ploier** > Plier.

Tandis que devant A latin C s'adoucissait peu à peu
en ch dans le français *Carbon* > Charbon ; — *Camera* >
Chambre ; en Picard, au contraire, il conservait son
articulation gutturale **Carbon, Cambre.**

En patois picard QUE correspond généralement à CA
latin : *Camisam* > **Quemise** > Chemise ; — *Caminam* >
Quemin > Chemin.

Bien que le même patois conserve à C le son guttural
devant U : *Cubitum* > **Coute**, il l'adoucit en CH dans les
finales : *Formagium* > **Fromache** > Fromage.

Dans certains cas Q se change en C : *Querquedulam* >
Sarcelle.

Après A, E, I et O, Q s'est vocalisé en U pour donner
naissance aux diphtongues OU, EN et ON comme dans
Calidum > **Caud** > Chaud ; — *Almaria* > **Aumaire** >
Armoire ; par contre L mouillée après S est postérieur au
XIIIᵉ siècle, car auparavant nous trouvons *Mirabilia* >
Merville > Merveille ; — *Concilium* > **Consel** > Conseil.

N devant GN se durcit, c'est ce qui explique *Spina* > :
donnant en patois **Epine**, mais le vieux français assimi-
lait souvent N à R ; de là la forme primitive de certains
futurs **Merra** > Menera ; — **Dorra** > Donnera, qui per-
siste dans les patois.

Je me borne à indiquer rapidement les différentes
actions qui modifient le développement phonétique et

tout d'abord la dissimulation qui du latin *Luscinolum* a donné originairement au vieux français Lusignol, puis en français moderne Rossignol ; en patois on a **Collidor** pour corridor, **Casterole** pour casserole.

La métathèse en modifiant la place de l'R ou de l'L **Erdoubler** > redoubler, **Fremer** > fermer ou à la 3ᵉ personne du pluriel dans **Ils Aimtent**.

II — GRAMMAIRE

L'article *de le, à le* devenu, en langue moderne de, du, au, marquant le régime indirect, se contracte en DAL et en AL en patois comme en vieux français : *la joie del père et del·fils*, de même qu'il y subsiste des traces de l'existence de l'ancienne déclinaison si importante de notre vieille langue sur laquelle je me propose d'insister ultérieurement, mais dont certains vestiges ont subsisté en patois ; on dit *l'suer men cousin*, comme on disait au moyen âge *la pais le rei*.

Les nombres cardinaux sont en patois identiques à ceux du Roman ; il en est de même des pronoms personnels, mais, comme les articles, ceux-ci, au moyen d'enclises, se combinent entre eux et avec la conjonction SI par contraction. Exemples : *Jel* pour je le, *mel* pour me le : *me te, se*, prennent la place du féminin *ma ta sa* devant une consonne.

Les pronoms possessifs du patois sont identiques également à ceux du vieux français, mais, dans nos dialectes français septentrionaux, on continue à les chuinter : Che, Chelle, Chelui, Ches.

En parlant des verbes bornons-nous à de brèves observations sur l'imparfait, le futur et le subjonctif.

A l'imparfait nous voyons *Ebam* > Evam > Eam > Oie.

Au futur quelques formes archaïques ont persisté : *Volere* > Vourre d'où j'vourraie ; — *Fallere* > Faure d'où j'fauroie.

En patois comme en roman, le substantif est caractérisé par la forme ache, eche, iche, enje ou enche, onge ou onche : *qu'il fache, qu'il prenge*, pour qu'il fasse, qu'il prenne.

En patois comme en roman, l'auxiliaire avoir est très souvent employé en lieu et place de l'auxiliaire être.

Cette identité des patois et du vieux français est mise en pleine lumière, comme je me suis attaché à le prouver dans une brochure que je résume ici, si l'on prend soin de rapprocher du vieux français les mots patois identiques de sens et de forme.

Cette identité ressort d'une façon plus évidente encore de la comparaison du mot latin avec le mot de l'ancien français correspondant dès que l'on a soin d'en déterminer attentivement la signification étymologique et, dès lors, il est facile de tirer de tout l'ensemble de faits exposés plus haut la conclusion suivante :

Le patois n'est autre chose que la langue romane, mais tandis que celle-ci se modifiait pour former la langue que nous parlons aujourd'hui, elle restait dans les patois, par une sorte d'arrêt de développement, ce qu'elle était au XIIIe siècle.

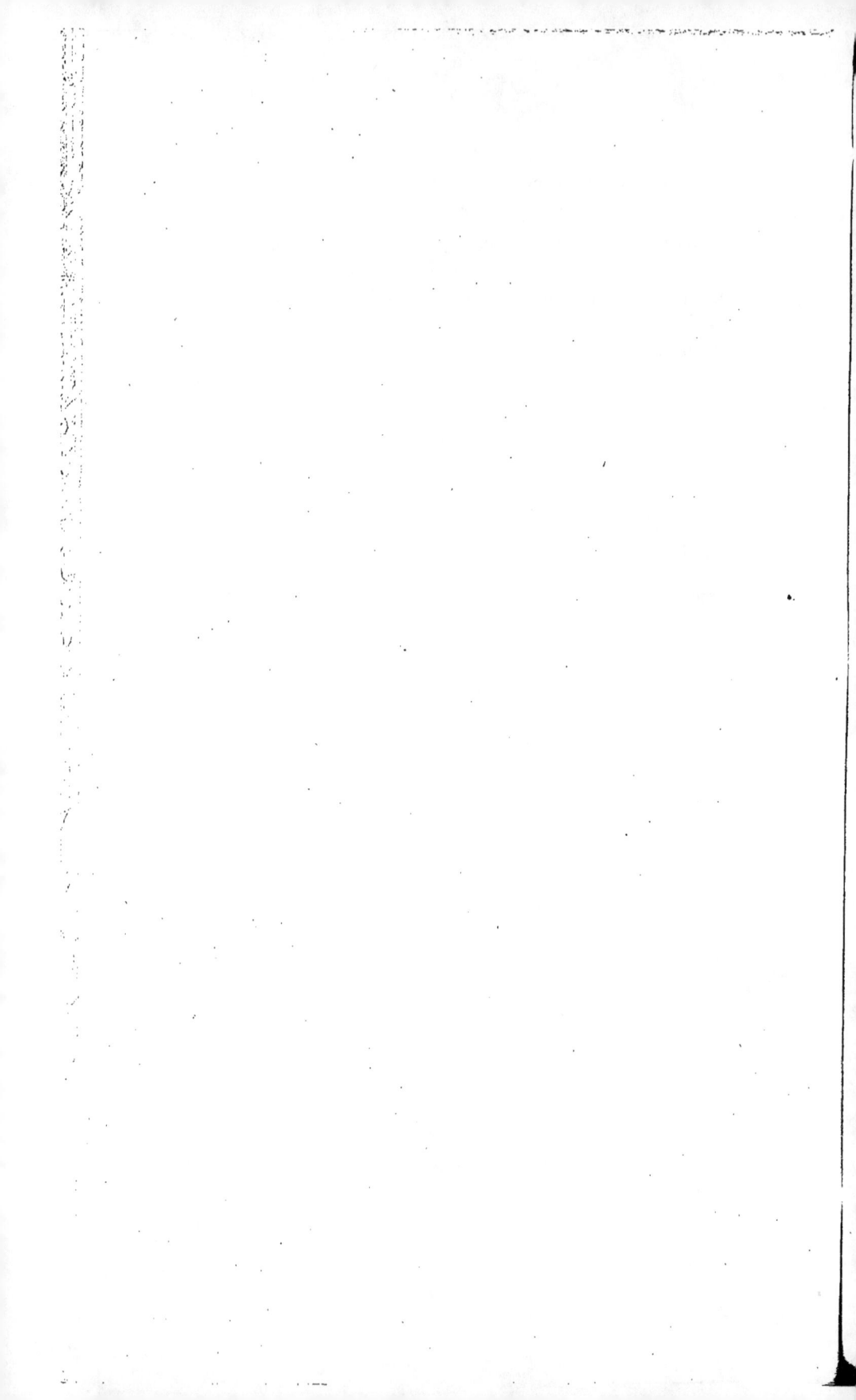

CONTRIBUTION

à l'Histoire de la Lutte Économique

entre les Villes et le plat-pays de Flandre

Aux XVIᴱ, XVIIᴱ et XVIIIᴱ SIÈCLES

PAR M. G. WILLEMSEN

———◄●►———

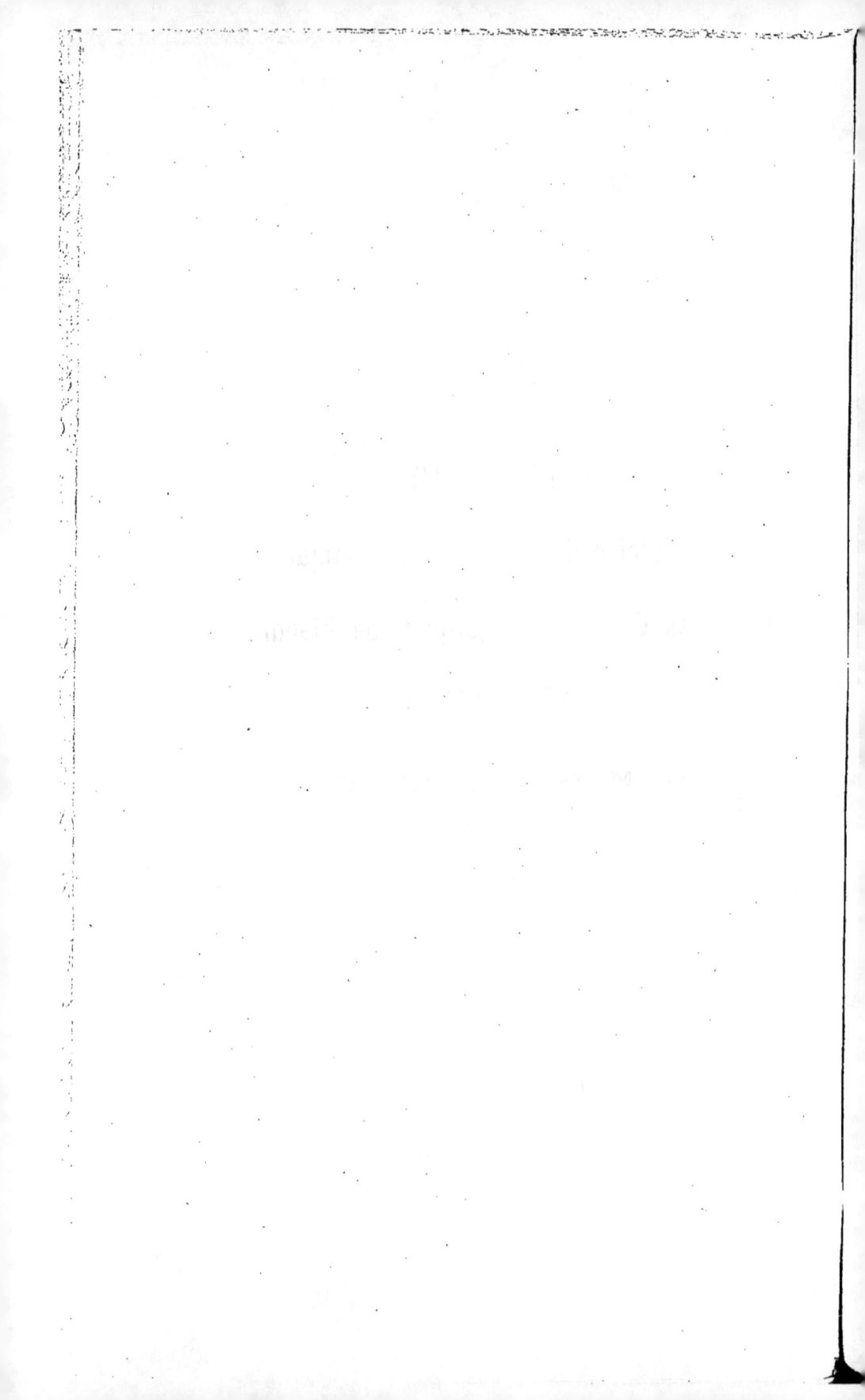

CONTRIBUTION

à l'Histoire de la Lutte Économique

entre les Villes et le plat-pays de Flandre

Aux XVIE, XVIIE et XVIIIE SIÈCLES

PAR

M. G. WILLEMSEN

———

L'histoire de la lutte économique entre les villes et le plat-pays de Flandre aux XVIe, XVIIe et XVIIIe siècles n'a pas encore été écrite, que nous sachions.

Nous croyons pouvoir apporter cette nouvelle contribution à l'étude de ce sujet.

Dès la fin du XVe siècle les corporations de métiers étaient en pleine décadence ; celle-ci provenait de diverses causes, parmi lesquelles nous pouvons ranger la concurrence industrielle et commerciale du plat-pays.

M. Pirenne nous a démontré que la draperie rurale provoqua la déchéance de la draperie urbaine. [1]

———

(1) Une crise industrielle au XVIe siècle (Bulletin de l'Académie Royale de Belgique — Classe des Lettres — 1905 — pp. 490 ss.)

Le même auteur nous a fait connaître que l'Industrie
des tapisseries en Flandre subit le même sort pour les
mêmes causes. (1)

La rivalité de l'Industrie du plat-pays avec celle des
villes se manifesta avec une âpreté singulière dans tous
les domaines de l'activité humaine. Elle fut aussi ardente
en Brabant qu'en Flandre et ailleurs. (2)

Nous nous bornerons dans ce travail à apporter quelques éléments à l'étude de la matière, en ce qui concerne
spécialement la Flandre flamingante et principalement
Gand et les contrées qui entourent cette ville.

*
* *

Le protectionnisme le plus étroit dominait toute
l'organisation industrielle antérieurement à l'époque
dont nous nous occupons, et continua à être son unique
raison d'être. Ce protectionnisme s'exerçait tant de
métier à métier, que de l'ensemble des corporations à
l'extérieur et au plat-pays.

Les querelles des métiers entre eux pour maintenir
leurs privilèges et empêcher tous empiétements respectifs, firent surgir d'innombrables procès, notamment
entre les tailleurs et les fripiers, les menuisiers et les
charpentiers, les ferronniers et les armuriers, les carros-
siers et les charrons, les merciers et les ciriers, les
tanneurs et les corroyeurs, et une quantité d'autres.

_____

(1) Note sur la fabrication des tapisseries en Flandre au XVIe siècle
(Vierteljahrschrift fur Social — und Wirthschaftsgeschichte — 1906
— pp. 325 ss.)

(2) Cf. Des Marez. — L'organisation du Travail à Bruxelles au XVe
siècle — Bruxelles — Lamertin — 1904.

Dans le courant du XVIIIe siècle, plusieurs de ces querelles prirent fin et les rivaux d'autrefois se réunirent en une seule corporation.

Quoiqu'il en soit, unies ou désunies, les corporations trouvaient toujours moyen de se mettre d'accord pour continuer le traditionalisme le plus étroit et pour maintenir la protection industrielle et commerciale la plus resserrée contre l'étranger, et surtout contre le plat-pays.

* *

Quoique la draperie fut presque anéantie en Flandre, elle était cependant encore exercée par quelques rares drapiers qui voulaient faire survivre à elle-même une industrie expirante. Sur leurs représentations, Charles, prince d'Espagne, confirme par lettres patentes du 12 Avril 1515, après Pâques, un privilège accordé aux drapiers de Gand par Jeanne de Flandre et Guy, son frère, la veille de la St-Barthélemy en 1302, portant qu'on ne pourra présenter à la Halle aucune pièce qui n'a pas été tissée et foulée à Gand. (1)

Le 4 Juin 1644 (2) ils obtiennent la prohibition de la sortie des laines et des fils de laine. Les filetiers du plat-pays doivent vendre leur production aux marchés publics, où elle ne peut être achetée que par « *les Hautlisseurs, Bourgeteurs, Sayeteurs, etc.* ». Les facteurs doivent faire connaître le nom de leurs mandants et fournir caution que dans les trois mois ils apporteront

---

(1) Recueil des Ordonnances des Pays-Bas — 2e série — Tome I — p. 372.
(2) Placards de Flandre — Tome IV — p. 972.

attestation du Magistrat du lieu que les fils sont parvenus à destination et ont été mis en œuvre. Ce placard qui faisait un tort immense à l'industrie rurale fut publié sous le prétexte de retenir l'Industrie dans les villes. Mais il manqua son but, car un nouveau placard du 25 Août 1653 (1) prescrit que les étoffes de laine fabriquées au plat-pays doivent être portées au « *comptoir* » le plus proche pour y être marquées, et être accompagnées d'un certificat d'origine émanant du Magistrat du domicile du tisserand.

Cela ne suffit pas encore. Sur les plaintes des fabricants et des tisserands, un placard du 1ᵉʳ Avril 1699 (2) dit que les draps du pays doivent être scellés sur le métier, le bout portant le scel doit être déposé à la Halle par le débitant et la tenue de tous marchés de draps est prohibée au plat-pays.

Cet édit provoqua des récriminations si générales que dès le 24 Juillet 1700 (3) l'entrée des draps étrangers est permise en vue du « *bien général* », mais les marchands doivent vendre du drap de leur ville ou du pays, en proportion du débit des draps étrangers.

Néanmoins une ordonnance du 18 Août de la même année (4) prohiba le commerce des draps étrangers au plat-pays sous prétexte de fraudes possibles.

Toutes ces mesures n'apaisaient pas la rivalité entre les drapiers gantois et les ruraux. Il en résultait de

---

(1) Placards de Flandre — Tome IV — p. 978.
(2)   Ibid   — Tome VI — p. 891.
(3)   Ibid   —   Ibid   — p. 902.
(4)   Ibid   —   Ibid   — p. 904.

nombreux procès qui se terminaient presque régulièrement en faveur des urbains. Pour obvier à ces difficultés
« qui ne faisaient qu'entraver le commerce et l'industrie »,
Marie-Thérèse enjoignit par décret du 1ᵉʳ Février 1757
aux Echevins de Gand de faire un règlement sur la
fabrication du drap dans cette ville. Celui-ci fut homolo-
gué par le Gouvernement le 17 Février 1763. (1) Aux
termes de cette ordonnance les marchands de draps
étrangers doivent faire draper tous les ans 200 aunes à
Gand. Ils doivent passer cette commande avant le
25 Mars de chaque année. Les ordres peuvent être exécu-
tés par les drapiers en autant de pièces qu'il sera
nécessaire, pour qu'elles puissent être travaillées dans
les bacs des foulons, tels que ces récipients existent. Si
la commande porte sur plusieurs espèces différentes, les
marchands forains seront obligés de passer ces ordres de
telle manière que les draps de chaque espèce ou qualité
formeront le contenu d'un bac de foulon. Les draps ayant
passé par les mains des wardeurs en crû, à sec et en
humide seront réputés marchands et devront être agréés
par l'acheteur. En cas de désaccord sur le prix, celui-ci
sera fixé par arbitres-experts, et à défaut par un expert à
nonimer par les Echevins.

Le but de cette ordonnance s'indique aisément : favoriser l'industrie urbaine au détriment de la rurale et
rendre l'exercice de celle-ci presque impossible en
livrant l'acheteur forain — forcé — pieds et poings liés
au fabricant gantois.

Un décret de Charles de Lorraine daté du 9 Mars 1767 (2)

---

(1) Recueil des Ordonnances des Pays-Bas — 3ᵉ série — Tome IX — p. 5.
(2)   Ibid   Ibid   p. 318

va plus loin en autorisant le Magistrat de Dixmude à défendre la vente en détail des draps aux foires de cette ville. Cette autorisation avait été accordée à Ypres antérieurement.

Ce n'étaient pas seulement les villes de premier rang, mais aussi celles de second ordre qui se débattaient contre le marasme de leur industrie drapière. Toutes s'imaginaient qu'elles pourraient faire revivre celle-ci en édictant des mesures tracassières contre sa rivale rurale.

*
* *

L'industrie linière avait pris dès le XVIe siècle la place de la draperie. Tout ce que nous avons dit de celle-ci s'applique à celle-là. Le même protectionnisme outré et le même traditionalisme routinier la dominaient. Les marchands-commissionnaires, qui ne formaient qu'une poignée, se trouvaient devant la tourbe des innombrables tisserands de la banlieue de Gand. Les uns étaient des capitalistes, les autres étaient de petits patrons isolés menant la vie la plus misérable. Les tisserands alimentaient le marché où les marchands exerçaient le monopole de l'achat. Aussi pour conserver celui-ci, ces derniers eurent-ils recours à tous moyens pour maintenir une stabilité presque immuable dans les prix et ils parvinrent à obtenir dans ce but pendant les XVIe, XVIIe et XVIIIe siècles, la fermeture presque constante de la frontière à la sortie du lin.

Cette prohibition presque périodique causait le plus grand dommage au producteur rural par la baisse inévitable qui en résultait, et provoquait des récriminations incessantes.

Cette ouverture et cette fermeture alternative des
frontières ne produisait cependant pas l'effet attendu.
L'industrie urbaine ne cessait de péricliter tandis que la
rurale prospérait.

Les Echevins de Gand et d'autres villes soutenaient
les marchands d'autant plus que les finances urbaines
souffraient énormément de la marche ascendante de
l'industrie du plat-pays. Mais ils ne se doutaient pas des
causes réelles de cette déchéance : c'étaient le tradition-
nalisme et la mauvaise qualité. D'autre part, les ruraux
libres de toute réglementation corporative, travaillaient
comme ils l'entendaient, et ne se trouvant pas sous la
tutelle des marchands en gros, créaient des types de
fabrication nouveaux et s'ouvraient des débouchés là où
les urbains étaient rebutés. (1)

* *

Si le plat-pays sortit vainqueur de cette lutte avec les
villes pour les deux plus anciennes et principales indus-
tries de Flandre, il en fut de même pour tous les autres
métiers. Bornons-nous aux exemples les plus frappants.

Les orfèvres qui antérieurement ne pouvaient exercer
leur métier que dans les villes closes, soi-disant pour
éviter les tromperies sur le titre et le poids, purent enfin

_____

(1) Cf. notre étude : Contribution à l'histoire de l'Industrie linière en
Flandre au XVIIIe siècle. (Ann. de la S^té d'Histoire et d'Archéologie de
Gand, actuellement sous presse). Nous renvoyons à ce travail pour tout
ce que nous disons ici de l'Industrie linière.

en 1749 s'établir au plat-pays à condition qu'ils eussent été admis comme maître dans le métier. (1)

Le séjour à la campagne qui était encore interdit en 1679, aux chaudronniers, grâce aux réclamations des métiers de Gand, Bruges et Courtray, ne tarda pas à devenir chose normale et courante.

Les ferronniers-armuriers de Gand parviennent en 1727 et en 1728 à faire défendre l'entrée dans la ville d'objets de leur métier fabriqués au plat-pays.

Les carrossiers-charrons qui avaient obtenu en 1754 la même interdiction pour tous ouvrages de carrosserie et de charronnage à Gand, se virent retirer ce privilège en 1755, (2) tout au moins pour tous carrosses et voitures que les particuliers font faire pour leur usage à Bruxelles ou ailleurs, ceux-ci peuvent entrer librement.

Les passementiers-rubaniers éprouvèrent aussi à un certain moment qu'un nouveau procédé de fabrication leur faisait une concurrence désastreuse. Ils se plaignirent qu'à certains endroits et notamment au plat-pays « *on fabrique des passemens, et ouvrages de soie et de filoselle sur des moulins qui produisent autant que seize passementiers* », mais « *de moindre qualité* ». L'ordonnance du 27 Novembre 1664 (3) fit droit à ces doléances et la fabrication de rubans sur moulins fut interdite. Mais ce décret ne semble pas avoir été observé, car un siècle plus tard, le 26 Juillet 1770, (4) il fut republié avec

---

(1) Placards de Flandre — Tome VIII — p. 270.
(2) Recueil des Ordonnances des Pays-Bas — 3e série — Tome VIII — p. 528.
(3) Placards de Flandre — Tome IV — p. 991.
(4) Recueil des Ordonnances des Pays-Bas — 3e série — Tome X — p. 64.

cette modalité que l'entrée des rubans fabriqués sur moulins était défendue dans le pays.

Les meuniers de Gand, Audenarde et Courtray, atteints par la concurrence des ruraux, obtinrent sans peine la publication du placard du 23 Octobre 1663 [1] défendant à ceux-ci de posséder des moulins à bras, au moyen desquels ils faisaient la mouture pour eux et leurs voisins. Ce placard n'était d'ailleurs que la republication de ceux du 21 Février 1541 et du 9 Juin 1628. Il avait en outre une portée fiscale.

Les tanneurs trouvèrent aussi nécessaire de se faire protéger. L'article XLV du décret du 7 Août 1754 [2] relatif au règlement de la ville de Courtray porte en effet que les cuirs préparés hors de la ville payeront les doubles droits.

Les pelletiers à leur tour, en vue d'éviter les abus et les empiétements des ruraux, obtiennent le 29 Octobre 1725 [3] des lettres patentes de Charles II portant homologation d'une ordonnance de la Keure de Gand du 7 Janvier 1640 relative à leur profession. Nous y voyons que nul ne peut vendre à Gand des pelleteries, manchons et autres objets de même nature sans être franc-maître pelletier.

Les tailleurs dont les démêlés avec les fripiers donnèrent lieu aux décisions judiciaires les plus bizarres et les plus étonnantes, font homologuer par décret de Marie-

---

(1) Placards de Flandre — Tome IV — p. 955.
(2)   Ibid   — Tome VIII — pp. 422 ss.
(3) Recueil des Ordonnances des Pays-Bas — 3ᵉ série — Tome III — p. 608.

Thérèse du 28 Novembre 1752 un projet de règlement
pour leur métier, dont l'article 12 défend d'importer à
Gand des vêtements confectionnés et de les y vendre à
peine de confiscation et d'amende pour chaque pièce de
vêtement.

Les sauniers du plat-pays furent aussi l'objet de
représailles de la part de leurs confrères urbains. Ceux-ci
obtinrent d'autant plus facilement gain de cause auprès
du gouvernement qu'ils faisaient valoir auprès de celui-ci
que l'existence de sauneries au plat-pays permettait et
facilitait aux ruraux d'échapper aux droits sur le sel.
C'est ainsi qu'un placard du 31 Mai 1673 [1] interdit de
faire des approvisionnements de sel blanc au plat-pays.
Il ne peut être déchargé et réuni en fortes quantités que
dans les villes closes. Mais cet édit fut si peu observé
qu'un autre placard du 22 Décembre 1679 [2] ordonne la
démolition de toutes les sauneries du plat-pays et prescrit en même temps que le matériel en soit transporté
dans les villes closes, où seule cette industrie peut être
exercée. Ce placard fut aussi peu observé que le précédent, il fut, en effet, republié le 1er Décembre 1685, [3] à
la demande des mandataires « de la généralité des
Rafineurs de sel en notre ville de Gand ». Il fut encore
republié le 17 Juillet 1732 [4] à la requête des Etats de
Flandre et à l'instigation des raffineurs de sel de Gand.
Toute cette législation ne fut d'aucun effet ; elle tomba
bientôt en désuétude, si bien que dans la seconde moitié

---

(1) Placards de Flandre — Tome IV — p. 996.
(2)   Ibid   — Tome IV — p. 998.
(3)   Ibid   — Tome VI — p. 767.
(4)   Ibid   — Tome VI — p. 765.

du XVIIIe siècle presque tous les villages de quelque importance avaient au moins un saunier, qui, en général, exploitait en même temps une huilerie et une savonnerie.

Cette dernière industrie fut aussi l'objet des vexations des savonniers urbains. Le prétexte était la mauvaise qualité du savon fabriqué à la campagne. Bornons-nous à signaler le placard du 31 Août 1576 [1] qui édicte que les règlements relatifs à la savonnerie en vigueur à Bruges, Gand, etc., doivent être appliqués au plat-pays. Ces dispositions n'empêchèrent pas la concurrence de continuer, car elles durent être renouvelées le 8 Mars 1597 [2] et le 4 Septembre 1623, [3] mais toujours sans succès.

Les merciers-ciriers de Gand se firent octroyer une ordonnance-règlement pour leur métier le 8 Octobre 1667, elle fut homologuée le 29 Avril 1713. [4] L'article 1er interdit l'entrée dans la ville de toute cire blanche ou jaune qui n'aura pas été préalablement expertisée, et l'article 11 dit que nul ne peut acheter, laisser ou faire acheter des cierges et des bougies si ce n'est chez les francs-suppôts du métier.

Les bouchers de Gand firent aussi décréter et homologuer par un acte de Charles VI du 17 Février 1724, les ordonnances de la Keure relatives à leur métier, rendues

---

(1) Placards de Flandre — Tome II — p. 543.
(2)   Ibid   — Tome II — p. 557.
(3)   Ibid   — Tome II — p. 573.
(4) Recueil des Ordonnances des Pays-Bas — 3e série — Tome II — p. 813.

le 20 Février 1686 et le 30 Octobre 1703. (1) Ces ordonnances sont édictées sous le prétexte du tort fait à la
corporation par les non-bouchers débitant de la viande,
mais pour masquer leur égoïsme ils firent valoir aussi et
principalement qu'il fallait éviter qu'on ne livrât à la
consommation de la viande de mauvaise qualité. Pour
obvier à ces maux imaginaires, les ordonnances autori-
sent les bouchers seuls à vendre de la viande à la
Boucherie et elles défendent d'en acheter ailleurs. L'importation de toute viande est interdite.

C'était la consécration d'un monopole de plus.

* *
*

Tous ces monopoles et privilèges sanctionnés par le
pouvoir central, devaient inévitablement mener à des
abus criants. Ce sont ces abus même qui, avec la concurrence du plat-pays, menèrent à la liberté.

Le premier exemple de reconnaissance légale de la
liberté du travail que nous avons rencontré date de la
seconde moitié du XVIIIe siècle. Il est typique par la
qualité même de l'employeur.

En 1755 des pièces d'artillerie et des munitions
devaient être transportées par eau de Gand à Malines. Le
munitionnaire de Gand, Waudripont, fit faire l'embarquement par des militaires, sans avoir recours aux
débardeurs attitrés, les « Kraen-Kinders », « attendu le
prix exorbitant que ces manœuvres mettent à leur travail. »

---

(1) Recueil des Ordonnances des Pays-Bas — 3ᵉ série — Tome III —
p. 585 et 599.

D'où mécontentement des débardeurs qui intentèrent un procès au munitionnaire devant le Conseil de Flandre. Le major d'artillerie Walther de Waldenart avertit aussitôt le Gouvernement et le 28 Avril 1755 (1) Charles de Lorraine rendit un décret aux termes duquel il est loisible à tous ceux qui sont chargés d'un ouvrage pour compte du Gouvernement de se servir de telles personnes qu'ils trouvent convenir ou qui se présentent pour travailler à meilleur prix, sans qu'il soit permis à aucun corps de métier de s'opposer à ce choix. En même temps défense était faite au Conseil de Flandre de connaître du litige pendant.

Ce dut être un rude coup pour les « *Kraen Kinders.* »

Peu d'années plus tard Marie-Thérèse fait un nouveau pas vers la liberté, et non plus au profit de l'État seul, mais à l'avantage de la généralité. Par un décret du 1er Septembre 1760 (2) elle fit défense aux corps de métier de Bruges d'affranchir dorénavant aucun ouvrier ou valet et permit aux maîtres d'employer tels ouvriers qu'il leur plaira, soit bourgeois de la ville, soit ruraux, soit étrangers. Le préambule de ce décret nous apprend qu'il fut rendu parce qu'il y avait manque de bras, qu'il existait des abus criants, et encore plus parce que la même disposition avait été prise à l'égard de Gand.

En 1769 la ville de Bruges sollicite du Gouvernement la suppression des métiers des peaussiers, chamoisiers,

---

(1) Recueil des Ordonnances des Pays-Bas — 3ᵉ série — Tome VII — p. 467.

(2) Recueil des Ordonnances des Pays-Bas — 3ᵉ série — Tome VIII — p. 389. — Nous n'avons pas retrouvé l'ordonnance relative à Gand.

mégissiers, etc., de son ressort. Le 24 Août de cette même
année [1] l'Impératrice acquiesce à cette demande, de
l'avis conforme du Conseil Privé qui déclare « *que l'essor
de l'industrie et du commerce est entravé par les privilèges
et les droits exclusifs des métiers.* »

Un autre décret de Marie-Thérèse du 15 Septembre
1774, [2] aussi relatif à Bruges, statue que le droit exclu-
sif du métier des chapeliers de cette ville ne porte pas
sur la vente des chapeaux fabriqués ailleurs. Celle-ci est
libre.

Peu de mois plus tard, soit le 13 Juillet 1775, [3] sur
rapport des représentations des maîtres-chapeliers de
quelques villes contre les prétentions des « *soi-disant
francs-garçons chapeliers* », soutenant qu'ils doivent être
employés à la fabrication des chapeaux, exclusivement à
tous autres — « *prétention contraire à la liberté du commerce et à la faveur due à l'industrie et qui tend à la
destruction de la fabrication des chapeaux* » — Marie-
Thérèse rendit une autre ordonnance aux termes de
laquelle les chapeliers de Bruxelles, Louvain, Anvers,
Malines, Gand, etc., peuvent employer tels ouvriers que
bon leur semble, tant naturels du pays qu'étrangers, sans
distinction s'ils ont appris le métier dans la ville même
ou ailleurs. Il est en outre interdit aux ouvriers ayant
appris leur métier dans les mêmes villes, d'exclure directement ou indirectement des manufactures les ouvriers
quelconques qui y sont employés et de molester à ce
sujet soit les maîtres, soit les ouvriers, sous peine d'être

---

(1) Recueil des Ordonnances des Pays-Bas — 3ᵉ série — Tome IX — p 526.
(2)   Ibid   — 3ᵉ série — Tome X — p 500.
(3)   Ibid   — 3ᵉ série — Tome XI — p. 51.

réputés perturbateurs du repos public et d'être châtiés comme tels.

C'était la proclamation de la liberté complète pour un seul métier. Un décret de l'Impératrice du 16 Juin 1778 (1) alla plus loin en éconduisant de leurs prétentions les métiers d'Alost qui demandaient que nul ne fut admis à exercer un métier dans le rayon de la ville et de sa pointabilité, s'il n'était franc de la ville même.

D'ailleurs, depuis le 26 Mars 1772 un décret de l'Impératrice avait déjà supprimé l'apprentissage obligatoire dans le métier des retordeurs de Gand. Il suffisait d'avoir fait le chef-d'œuvre pour être reçu.

Comme on le voit, la concurrence du plat-pays, où le travail était absolument libre, avait porté de rudes coups aux métiers urbains. Si pendant quelque temps les corporations des villes avaient cru résister à cette ruée en obtenant du pouvoir central des mesures prohibitives, elles furent finalement submergées par l'assaut des ruraux contre leurs privilèges. C'est ainsi que le Gouvernement suivit dans la seconde moitié du XVIIIe siècle les aspirations du plat-pays vers l'égalité dans la liberté du travail et sanctionna celle-ci par des décrets successifs qui devaient promptement amener la disparition du monopole des corporations de métier.

---

(1) Recueil des Ordonnances des Pays-Bas — 3e série — Tome XI — p. 275.

Si nous jetons maintenant un coup d'œil sur le terrain
commercial proprement dit, nous voyons la même lutte
se dérouler, aussi âpre et aussi ardente pour aboutir également au triomphe du principe de la liberté.

Dans cette partie de notre travail nous nous bornerons encore aux exemples qui nous semblent le plus
frappants.

Au mois de Mai 1555 Charles-Quint octroya au village
de Lokeren, situé à trois lieues de Termonde et à quatre
lieues de Gand, la tenue d'un marché hebdomadaire. Cet
octroi excita la colère de ces deux villes. Peu après la
mort de Charles-Quint les Termondois commencèrent à
ravager les environs de Lokeren ; puis, d'accord avec les
Gantois, ils intentèrent un procès au Magistrat de ce
village et à ceux des Seigneuries y enclavées aux fins de
voir annuler l'octroi accordé. D'après une tradition populaire ce litige dura 109 ans. Il se termina par la victoire
des villageois [1]. Ce qu'il y a de plus important dans
cette affaire, ce n'est certainement pas la durée séculaire
de ce procès, mais ce sont bien les arguments que les
villes firent valoir, d'autant plus que dans n'importe
quelle circonstance où il s'agissait de difficultés économiques entre celles-ci et le plat-pays, ce sont toujours
les mêmes moyens que les urbains mettent en avant, et
leurs doléances furent toujours identiques ; les voici
dans l'espèce qui nous occupe. Lokeren se trouve au bord
d'une rivière, la Durme, qui permet la communication
entre Anvers et Gand ; Termonde, au bord de l'Escaut,
également. Mais cette dernière ville est fort ancienne,

---

[1] Annales du Cercle Archéologique du Pays de Waes — Tome II —
pp. 229 ss.

possédant des privilèges remontant à la plus haute anti-
quité, elle lève des droits de tonlieu, de pont, d'assise
(droits de place au marché), de pavé et plusieurs autres
qui lui sont absolument nécessaires pour équilibrer ses
finances. D'autre part, le commerce local de Gand et de
Termonde va énormément souffrir, car les manants de
Lokeren qui venaient autrefois s'approvisionner dans ces
villes le feront dans leur paroisse, ainsi que ceux de plusieurs villages voisins. Les maisons des deux villes ne
trouveront plus de locataires, les propriétaires seront
ruinés et le Gouvernement ne parviendra plus à récupé-
rer les impôts. De plus, les céréales et les matières ali-
mentaires, au lieu de se concentrer pour la vente dans les
villes, s'éparpilleront entre les mains des revendeurs,
deviendront l'objet d'accaparements et renchériront tellement qu'il faut craindre la famine.

Les ruraux, eux, trouvaient qu'il était vexatoire de
leur imposer des déplacements lointains pour se fournir
d'ustensiles, de vêtements, etc. L'existence de marchés à
la campagne fera prospérer l'agriculture, enrichira le
pays, fera augmenter la valeur des propriétés et fera
croître le bien-être général. D'ailleurs la liberté du commerce est de droit naturel.

Comme on le voit, c'était la lutte entre le protectionnisme à outrance et la liberté la plus large.

Nous allons examiner comment la réalisation de ces
théories fut poursuivie de part et d'autre.

Nous ne voulons pas énumérer ici tous les placards,
décrets et ordonnances qui interdisaient presque pério-
diquement la sortie des grains et le commerce des céréales au plat pays, tantôt sous prétexte de guerres,

tantôt pour motif de cherté et de rareté. Mais la première ordonnance que nous rencontrons pour cette période de trois siècles qui nous occupe, nous démontre clairement que les causes de prohibition alléguées dans les innombrables décrets qui se suivirent, ne furent pas l'expression de la réalité. En effet, cet édit daté du 14 Février 1512 (1513 n. s.) [1], rendu sur les représentations de ceux de Gand, Bruges et Ypres, défend de tenir des marchés en dehors des villages et autres lieux où il s'en est tenu de temps immémorial. Il porte aussi qu'il ne convient ni n'est permis à personne d'établir et entretenir des marchés au plat-pays, en dehors des villes privilégiées pour y vendre, acheter ou livrer des céréales soit ouvertement, soit subrepticement (*bedectelic*), à cause du dommage financier causé aux villes, où le produit des droits de marché doit servir au payement des impôts; en outre les marchés urbains tomberont finalement au néant.

Mais la prescription relative aux « *marchés de village et autres lieux où il s'en est tenu de temps immémorial* » ne subsista pas longtemps. Dès le 26 Novembre 1520 la clause de style, pourrait-on dire, fut : la vente et l'achat des céréales sont interdits ailleurs qu'aux marchés des villes closes. D'autres dispositions non moins vexatoires pour les ruraux se rencontrent dans ces ordonnances. Une des plus fréquentes dit que tous marchés de grains sur pied ou en grange sont nuls et abolis [2]; d'autres

---

(1) Recueil des Ordonnances des Pays-Bas — 2ᵉ série — Tome I — p. 240.

(2) Placard du 23 Septembre 1531 ; — Plac. de Fl., tome I, p. 638 ; — Placards des 8 Mai 1532, 8 Octobre 1535, 24 Novembre 1544 ; — Pl. de Fl., tome I, pp. 641 ss. ; 10 Septembre 1597 ; — Plac. de Fl., tome II, p. 588 ; 16 Juillet 1699 ; — Plac. de Flandre, tome VI, p. 852 ; 26 Août 1709 ; — Plac. de Fl., tome VI. p. 861 ; etc.

fois, la vente sur échantillon comportant plus que les existences au marché du jour est défendue[1] ; d'autres fois encore il est défendu de vendre plus que pour les besoins des acheteurs ; quelquefois, enfin, il est ordonné aux ruraux de porter toutes leurs céréales aux marchés des villes ou bien de les y déposer, et ils ne peuvent garder à leur disposition qu'une provision de blé que pour un temps variant entre un et trois mois [2].

A certain moment cependant le commerce des céréales est déclaré libre, à condition qu'elles soient vendues aux marchés publics, mais il faut qu'il en reste une quantité suffisante dans le pays pour que les habitants puissent se les procurer à prix raisonnable et ne soient pas victimes « de l'avarice et cupidité des censiers. » [3]

Les aliments étaient l'objet des mêmes mesures restrictives au profit des villes et au détriment du plat-pays.

Des lettres patentes du 13 Avril 1515 [4] prohibent le « *revendaige* » des « *chairs, poissons, vollilles, buere ne autres choses* », sous prétexte de cherté.

Le 8 Mai de la même année [5] et sous le même prétexte, un placard interdit de vendre et d'acheter en gros au plat-pays : du beurre, du fromage, des porcs, des moutons et autres animaux, ainsi que l'orge, les haricots, les pois, etc., etc. Tous ces objets doivent être portés et

---

(1) Placard du 17 Décembre 1589 ; — Plac. de Fl., tome IV, p. 950.

(2) Voir les décrets énumérés ci-dessus, note 2, page précédente.

(3) Ordonnance du 22 Janvier 1726 — Recueil des Ordonnances des Pays-Bas — 3ᵉ série — Tome IV — p. 3.

(4) Recueil des Ordonnances des Pays-Bas — 2ᵉ série — Tome II — p. 43.

(5) Placards de Flandre — Tome I — p. 691.

vendus aux marchés des villes closes. Ces dispositions sont renouvelées le 12 Octobre 1598. (1) Ces édits furent loin de produire l'effet qu'on en attendait, et tout en nuisant considérablement à la prospérité du plat-pays, ils firent un tort immense à certaines catégories de marchands urbains. C'est ainsi que par une déclaration du 12 Mars 1599, (2) édictée sur les plaintes des bouchers des villes, le commerce du bétail fut rendu libre..... mais pour les bouchers seulement.

C'était une consécration nouvelle du monopole et des privilèges d'une corporation au détriment de la masse.

Cette question de la cherté des vivres fut toujours une cause de récriminations de la part des urbains. Ils se plaignaient encore en 1766 que le beurre, les œufs leur coûtassent plus cher qu'aux ruraux, à cause justement des achats faits en gros à la campagne par les revendeurs. Ils exigeaient que toutes ces denrées ne pussent être vendues qu'aux marchés des villes. Ici le prétexte invoqué était encore « *l'avarice et cupidité des censiers.* » (3)

Le commerce des bois de construction et des combustibles fut aussi l'objet de nombreuses vexations. Une ordonnance du 10 Septembre 1525 (4) édicte que les bois à brûler, la tourbe et autres combustibles ne peuvent être vendus en gros au plat-pays, le commerce n'en est permis que pour la consommation. Le surplus doit être transporté et vendu aux marchés des villes.

---

(1) Placards de Flandre — Tome II — p. 594.

(2) Ibid — Tome II — p. 596.

(3) Archives de l'Etat à Gand. — Fonds : Pays de Waes. — Reg. 2926, passim.

(4) Placards de Flandre — Tome II — p. 586.

Un placard du 11 Janvier 1548 interdit d'acheter du bois de chauffage pour le revendre dans le rayon de deux milles des villes. Tous contrats relatifs à des marchés de cette nature sont nuls. (1)

Enfin un décret du 16 Octobre 1715 (2) apporte de nouvelles restrictions au commerce des bois en statuant que le bois « crû » ne pourra être vendu aux marchés par quantité moindre d'une valeur de 3 £ de gros.

C'était monopoliser le commerce des bois et des combustibles en faveur de quelques gros marchands.

Cela est si vrai que vers 1772 les charpentiers, etc., de Gand, appuyés par les Echevins de la Keure représentent au Gouvernement qu'il y a « *un demi-siècle et contre tous les principes qui doivent diriger le commerce et l'industrie dans les villes, cinq à six personnes se sont emparées du négoce des bois servant aux ouvrages dans cette ville.... »*.

Il fut fait droit à cette requête par un décret de l'Impératrice en date du 26 Septembre 1772 (3) accordant pleine liberté de pratiquer le commerce des bois à Gand, sans être assujetti à un corps de métier.

Un autre commerce fut aussi l'objet de restrictions de la part du Gouvernement. Par lettres patentes de l'Empereur Maximilien du 29 Mars 1508 (1509 n. s.), (4) renouvelant une ordonnance des Echevins de Gand de 1413, il

---

(1) Placards de Flandre — Tome I — p. 682.

(2)   Ibid   — Tome IX — p. 926.

(3) Recueil des Ordonnances des Pays-Bas — 3e série — Tome X — p. 307.

(4) Recueil des Ordonnances des Pays-Bas — 2e série — Tome I — p. 81.

est défendu de vendre du fil de lin dans des couvents, des béguinages ou dans quelque autre lieu de Gand ou au dehors pour en laisser trafiquer. Ces lettres avaient été accordées sur les supplications du métier des tisserands de coutil. Ceux-ci prétendaient que le commerce que les revendeurs font de ces fils en fait hausser le prix de deux ou trois deniers.

*
* *

Si nous passons du trafic de quelques articles spéciaux à l'examen du commerce en général, nous nous trouvons immédiatement devant une situation identique : protection et monopole au détriment du plat-pays.

Par lettres-patentes du 4 Avril 1514 (1515 n. s.) [1] renouvelant d'autres lettres-patentes du 27 Février 1432 et du 22 Décembre 1507, [2] Charles, prince d'Espagne, sur les doléances du Magistrat de Gand, des doyens, jurés et suppôts des métiers défend à quiconque d'exercer le commerce dans le rayon d'une lieue de la ville, s'il n'y est franc.

Peu d'années plus tard, le 29 Avril 1523, [3] l'Empereur confirme par lettres, l'octroi de Jean-Sans-Peur du 3 Avril 1410 (1411 n. s.) en vertu duquel nul ne peut, à moins d'appartenir à un métier, tenir taverne, ni brasser, ni vendre du vin ou de la cervoise dans le rayon d'une lieue de la ville d'Ypres. Cet octroi, accordé pour arrêter la ruine de la ville, ne put empêcher le désastre final.

---

(1) Recueil des Ordonnances des Pays-Bas — 2ᵉ série — Tome I — p. 349.
(2)   Ibid   — 2ᵉ série — Tome I — p. 28.
(3)   Ibid   — 2ᵉ série — Tome II — p. 274.

Deux siècles plus tard, d'autres mesures restrictives furent prises en vue de favoriser le commerce urbain. Un placard du 10 Janvier 1724 [1] édicte qu'aucune marchandise venant de l'extérieur ne peut être déchargée au plat-pays. Elles doivent être transportées dans les villes closes. C'était interdire tout commerce aux habitants de la campagne. C'était d'ailleurs bien là le but poursuivi par les villes et les Etats de Flandre. En 1733 [2] ces derniers présentèrent requête au Gouvernement pour obtenir l'interdiction de la tenue des marchés et de tout négoce quelconque dans les faubourgs et au plat-pays. L'argumentation de cette supplique mérite qu'on s'y arrête : depuis quelques années les villes se sont tellement dépeuplées qu'elles ne sont plus en état de payer leurs charges par suite de la diminution, faute de consommation, du produit de leurs accises et impôts. Le nombre des maisons inoccupées est considérable, leurs propriétaires ne perdent pas seulement leurs revenus, mais ils doivent entretenir leurs immeubles et en payer les impôts. De là avilissement général dans le prix des maisons et par contre-coup des loyers. Il en résulte que les propriétaires et les rentiers qui n'ont pas d'autres ressources, sont réduits à la misère, eux et leur famille. La cause de ces « *malheurs* » est que les habitants du plat-pays « *qui devroient s'occuper de la culture des terres et nourrir du bétail* » ont la prétention de se livrer au commerce « *des marchandises, fabriques et denrées* »,

---

(1) Placards de Flandre — Tome IX — p. 1129.

(2) Cf. G. Willemsen et Em. Dilis. — Un épisode de la lutte économique entre les villes et le plat-pays de Flandre dans la seconde moitié du XVIIIe siècle. (Annales du Cercle Archéologique du Pays de Waes — Tome XXIII — pp. 273 ss.)

alors que ce négoce ne peut se faire que dans les villes closes. Ce « *renversement d'ordre* » expose la province à une ruine certaine et totale. Les faubourgs et les villages sont remplis d'artisans et leurs boutiques garnies de toute espèce de marchandises et « *fabriques* ». Les habitants des villes et des villages vont y faire tous leurs achats à plus bas prix que dans les villes, parce que les marchandises n'y paient ni les droits urbains ni ceux de S. M., enfin parce que la totalité de ce qui se vend au plat-pays y a été introduit en fraude, et même souvent provient de vol.

Cette argumentation n'était pas neuve. Elle avait déjà servi, en termes à peu près identiques en Flandre au XIV᷈ siècle et en Brabant au XV᷈, dans le but d'arriver à un résultat identique. (1) Elle fut encore utilisée par le Magistrat de Gand pour obtenir les lettres par lesquelles l'Empereur et l'Archiduc Charles lui permettent le 12 Décembre 1514 (2) de percevoir les sommes nécessaires pour racheter les rentes que les forains et les étrangers ont à charge de la ville. Les Echevins gantois avaient en outre fait valoir que les arrérages ne sont pas dépensés à Gand par les crédirentiers, et que ceux-ci, en cas de retard dans le payement des intérêts, font saisir les bourgeois de Gand et leurs marchandises.

Nous venons de voir qu'un des principaux arguments des villes, et notamment de Gand, pour obtenir la prohibition de tout commerce au plat-pays, était que les marchandises qui y étaient vendues ne payaient pas les droits urbains : *pontgelt*.

---

(1) Cf. Des Marez. — Op. cit. — pp. 422 ss.
(2) Recueil des Ordonnances des Pays-Bas — 2ᵉ série — Tome 1 — p. 304.

La dénomination de ces droits fut modifiée pour Bruges par ordonnance du 30 Avril 1594 et changée en *stickgelt*. [1] Les francs-bourgeois *(vrye poorters)* de la ville en étaient exempts.

Une ordonnance du 7 Juin 1644 [2] exempte de même les bourgeois *(poorters ende inwoonders)* de Gand de tous droits de tonlieu perçus dans la ville, sous quelque nom qu'ils pussent exister *(zeeuwsche thollen, waterthollen, veurthollen, gheleyden, peerdtgelden, ridderthollen, wynthollen, wallethollen)* et même de ceux existant sous une dénomination déguisée, telle que : *lastghelt, verificatieghelt, annotatieghelt, boeckghelt, stoopghelt, roynghelt, sendeghelt,* etc., etc. Cette exemption était accordée parce que les Gantois avaient consenti un prêt hypothécaire sur tous les tonlieux existants et à venir.

Si les Brugeois et les Gantois étaient exempts de tous droits de ville, ils se gardaient bien de cesser de les faire payer sur les marchandises du plat-pays entrant chez eux. Cette perception donna lieu aux récriminations constantes des industriels ruraux, tant et si bien qu'un décret de Charles de Lorraine du 26 Juin 1756 [3] exempta toutes manufactures indigènes du *pontgelt* de Gand, à condition qu'elles fussent accompagnées d'un certificat d'origine émanant du fabricant.

Cette fois ce furent les Gantois qui se plaignirent amèrement. Et malgré le décret, ils continuèrent à faire payer les droits, si bien que le Comte de Cobenzl fut

---

(1) Placards de Flandre — Tome IV — p. 723.
(2)   Ibid   — Tome IV — p. 740.
(3)   Ibid   — Tome IX — p. 683.

obligé de confirmer le décret précédent le 11 Mars 1758 (1) et de faire défense au Magistrat de Gand de faire encore aucune réclamation ou représentation à cet égard, lui annonçant en même temps qu'elles ne seraient plus reçues.

La perception du droit n'en continua pas moins et elle ne cessa qu'à la suite d'une ordonnance du Conseil des domaines et finances du 7 Mars 1774 (2) qui revint purement et simplement au décret du 26 Juin 1756, sauf quelques dispositions spéciales pour les marchandises de provenance étrangère.

Cette fois encore ce fut une victoire économique pour le plat-pays, qui n'avait pas cessé un instant de soutenir que la liberté du commerce est de droit naturel et qui sut faire partager ses convictions par le Gouvernement. (3)

———

Nous croyons pouvoir conclure des nombreux faits que nous avons énumérés que toutes les tentatives faites par l'industrie urbaine pendant ces trois siècles ne parvinrent pas à annihiler, ni même à diminuer les progrès de l'industrie rurale. Au contraire, celle-ci ne faisait que gagner en prospérité à mesure que celle-là voyait sa déchéance s'accentuer. Il ressort aussi de ces faits que la décadence de l'une est due à l'esprit de routine et au

———

(1) Placards de Flandre — Tome IX — p. 683.
(2) Archives de l'Etat à Gand. — Fonds: Pays de Waes. — Reg. 2926 — fⁱᵉ 96 ss.
(3) Cf. G. Willemsen et Em. Dilis. — Op. cit.

manque d'initiative de ceux qui l'exerçaient et qui prétendaient ne tenir aucun compte des désirs du consom-
mateur dès que ceux-ci rompaient avec la pratique
séculaire du producteur, tandis que l'ascension de l'autre
était la conséquence de la liberté du travail dont elle
jouissait et des efforts qu'elle faisait pour approprier sa
production aux goûts du preneur.

Quant aux corporations de métier, elles ne répondaient plus, déjà au XVᵉ siècle, à aucune nécessité
sociale (1) et elles avaient perdu tout caractère propre à
la fin du XVIIIᵉ. Elles se désagrégèrent lentement
et dans la seconde moitié du XVIIIᵉ siècle, les abus qui
y régnaient et les exigences de leurs « suppôts » avaient
obligé le Gouvernement à entrer dans la voie de la liberté
du travail, d'abord en ce qui concernait les travaux qu'il
faisait exécuter, ensuite en ce qui regardait la collectivité.
Aussi peut-on se demander, et non sans quelque fonde-
ment, si les corporations de métier furent en réalité
supprimées en Flandre à la suite de la Révolution de
1789, et si elles n'avaient pas déjà disparu de fait antérieurement à ces événements.

En ce qui concerne le commerce proprement dit,
nous l'avons vu prospérer au plat-pays au détriment des
villes, malgré les efforts de celles-ci.

En un mot, l'issue de cette lutte fut le triomphe de la
liberté pure et simple sur la liberté du monopole et du
privilège.

———————

(1) Cf. Des Marez. — Op. cit.

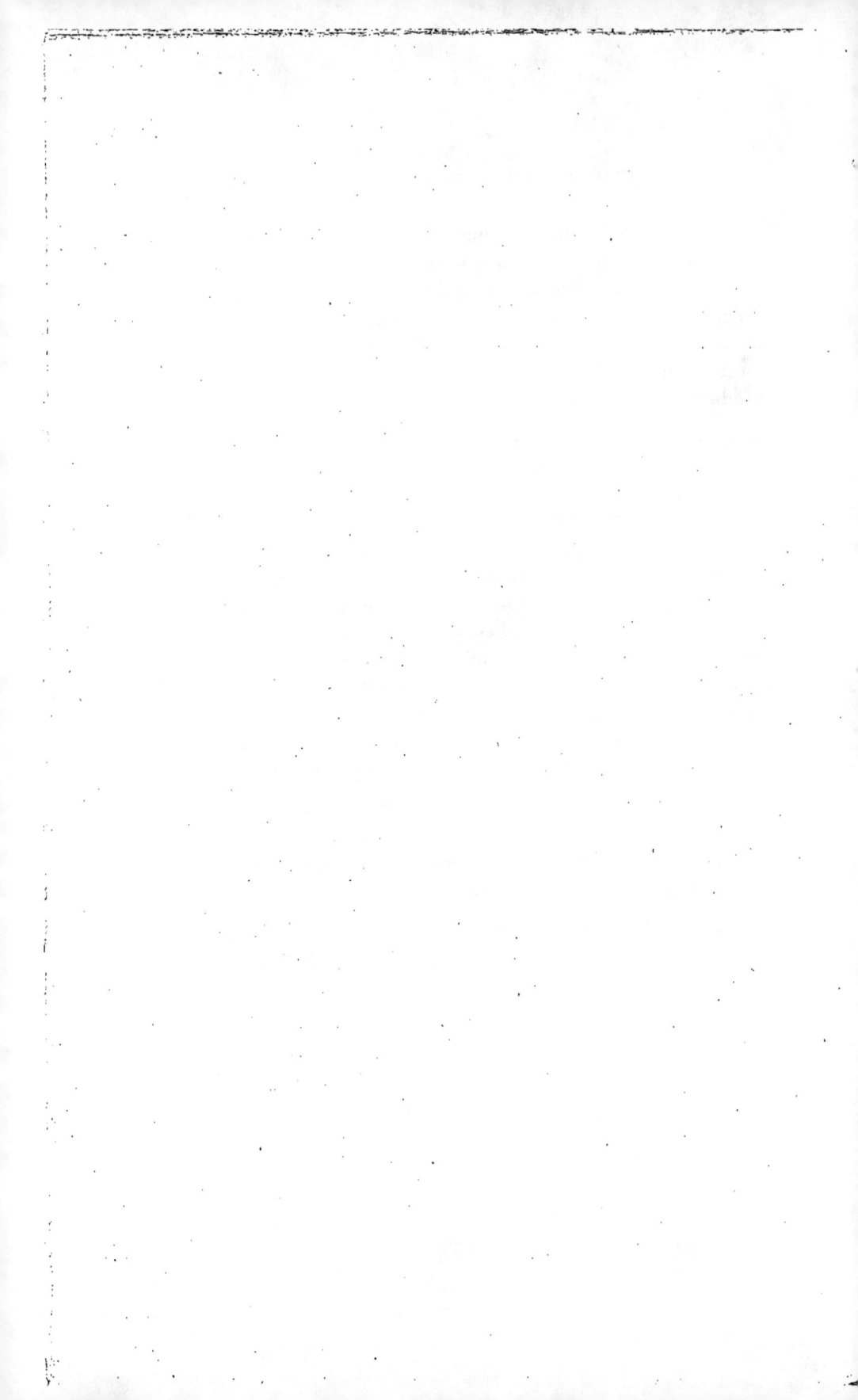

LE BRUNIN

Société Littéraire Lilloise

(1758-1760)

PAR M. Léon LEFEBVRE.

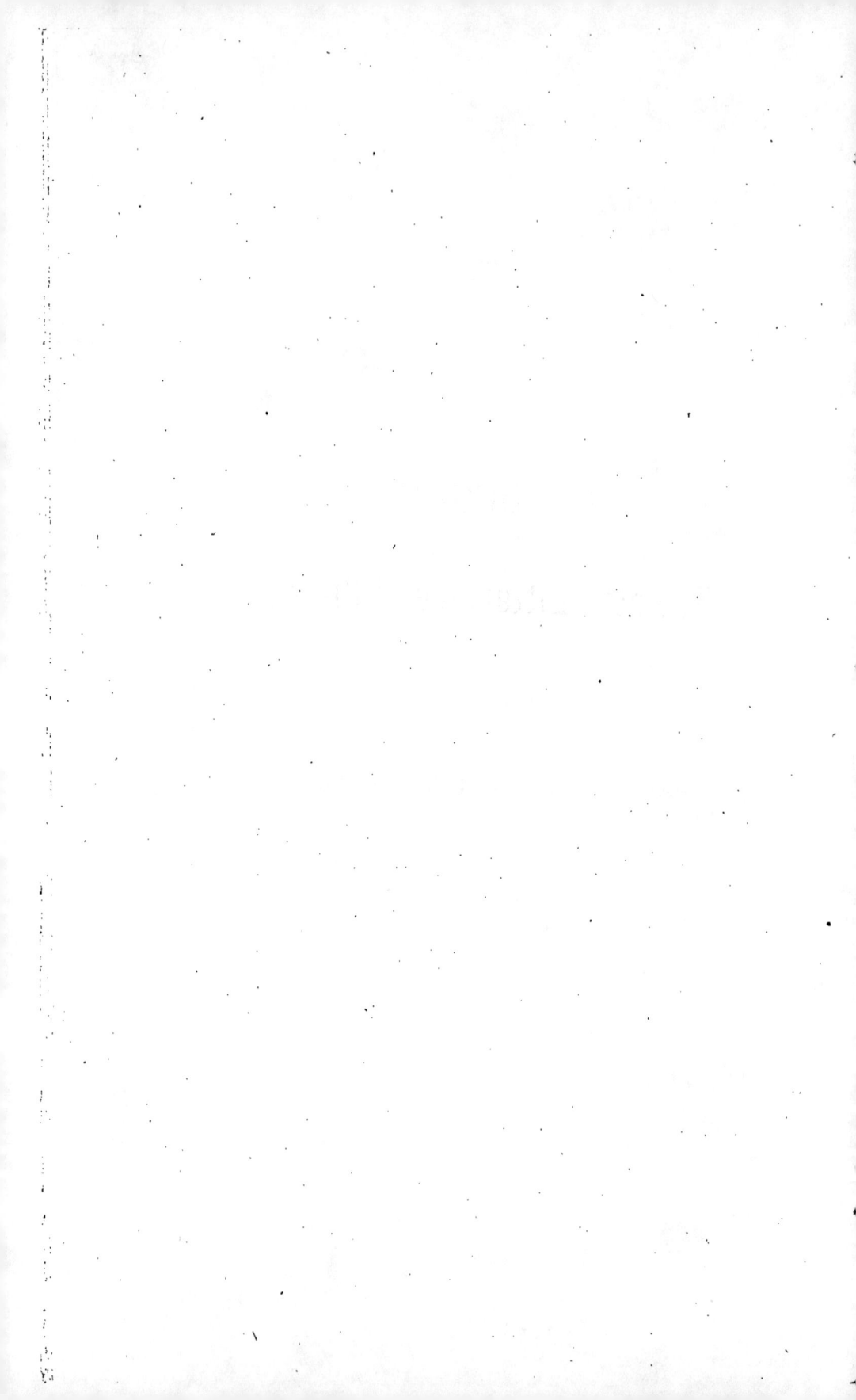

LE BRUNIN

Société Littéraire Lilloise

(1758-1760)

PAR M. LÉON LEFEBVRE

Membre de la Commission Historique du Département du Nord

———

Une sorte de fièvre qu'on pourrait appeler académi-
que, semble s'être emparée des esprits, dans les grandes
villes du royaume, vers le milieu du XVIIIe siècle.

L'Année Littéraire de Fréron publia en 1759, une
liste des académies existant en France ; elles étaient, à
cette époque, non compris celles de Paris, au nombre
d'une trentaine, dont plus de la moitié avait vu le jour
depuis 1723. Lille n'y figure pas ; elle possédait pourtant,
depuis un an, une Société littéraire, composée de vingt
membres environ, épris des idées nouvelles, que réunis-
sait un même amour des lettres et du bien public.

Aux termes de la supplique signée par plusieurs
d'entre eux et datée du 30 novembre 1758, leur but était
« de recueillir des matières sur l'histoire du pays et de
s'appliquer à tout ce qui peut faire fleurir le commerce
et l'agriculture dans la province ». Programme digne
d'encouragements et louable en tous points. Aussi le
magistrat de Lille, fidèle à ses traditions, reçut-il favora-

blement la déclaration des requérants et leur accorda,
pour y tenir séances, une chambre du rez-de-chaussée de
l'hôtel de ville, où siégeaient autrefois les juges apai-
seurs. L'obscurité qui régnait dans cette salle, même en
plein jour, était telle qu'on l'appelait *le Brunin*. Sur les
murs, on avait tracé jadis, en lettres d'or, de sages et
doctes maximes qu'on pouvait croire inspirées par l'aspect sombre du local ou les jugements qu'on y avait
rendus : *Post tenebras sperate lucem. — Ex tenebris
emanabit et orietur lux,* etc.

La compagnie, à sa formation, prit le titre sans prétention de *Société Littéraire du Brunin,* mais elle choisit
pour devise une formule équivoque, et qui prêtait à rire :
Peu, mais de son mieux. — Agréable, mais utile.

Il était de règle, pour les sociétés de ce genre, d'avoir
pour protecteur un personnage haut placé, à défaut du
souverain qui ne prodiguait guère son patronage ; on se
contentait d'ordinaire de celui du gouverneur ou de
l'intendant. D'inutiles démarches furent tentées près du
prince de Soubise et de Lefèvre de Caumartin ; on se
tourna ensuite et sans plus de succès vers le lieutenant
du prévôt. Il fallut se contenter, finalement, de la bien-
veillance du magistrat.

Les jours de séance avaient été fixés au mardi de
chaque semaine, de 5 à 8 heures du soir, et une assemblée
publique devait avoir lieu le jour de la Saint-Louis,
25 Août. Quinze jours de vacances, du mardi de la
semaine sainte à celui après le dimanche de Quasimodo,
suffisaient au repos annuel de la compagnie.

A peine eut-il tenu ses premières réunions, le Brunin
fut assailli d'épigrammes et de plaisanteries malsonnan-

tes. Une lettre, signée Euphémon, qui courut bientôt
toute la ville, ouvrit les hostilités. D'autres suivirent et
chansons, quatrains, requêtes plaisantes, se mirent à
pleuvoir.

Sur la proposition d'un de ses membres, le Brunin
décida de ne pas répondre aux écrits anonymes et cette
« Résolution » conçue en un style prétentieux fut imprimée et répandue dans le public ; passée au crible de la
critique, on l'analysa mot par mot et les brocards redou-
blèrent. Un des membres les plus militants, le poète
Alexis Mathon, qui l'avait rédigée, fut blâmé en séance
par ses collègues et donna sa démission avec éclat. Malheureusement pour lui, il devait être impliqué, à quelque
temps de là, dans un procès intenté par le lieutenant du
prévôt au libraire Panckoucke, autre membre de la
Société, au sujet de la mise en vente d'un recueil dudit
Mathon, intitulé. *Prose et Vers*, où l'on releva des propos
contraires à la religion et aux bonnes mœurs. Le libraire,
dans un mouvement de colère, s'oublia jusqu'à s'emparer
violemment d'une pièce du greffe et de la lacérer publi-
quement. L'affaire fit un bruit énorme et eut de telles
conséquences que, deux ans après, Panckoucke avait
quitté Lille pour aller fonder à Paris une maison qui,
pendant plus d'un siècle, tint un rang considérable dans
l'histoire littéraire de la France. Mathon l'y avait précédé, car il ne pouvait se résoudre, disait-il, à vivre dans
une ville « où la poésie porte l'empreinte de la réproba-
tion et de l'extravagance ». Sa carrière fut beaucoup
moins brillante que celle de son compatriote.

Quelles furent les productions du Brunin ? Qu'y fai-
sait-on ? Disons de suite, pour répondre à la seconde
question, que si l'on en croit ses détracteurs, on y passait

le temps à se saluer, à s'asseoir, à causer et à boire, à
débiter de bons mots, à deviner des rebus ; parfois, à lire
et commenter les gazettes ou les écrits venus de la
capitale.

Nous pensons qu'il en était autrement. Pour élucider
le premier point, il suffit de glaner à travers les lettres et
les épigrammes : on y trouve de vagues indications sur
les travaux de la Société pendant sa première année
d'existence, mais il y a, dans tout cela, un tel ton de
persiflage qu'il est assez difficile de se faire une opinion.
Cependant, on relève dans l'avant-dernière lettre d'Euphémon, quelques aveux, corroborés par des documents
bibliographiques. C'est ainsi qu'il est parlé de divers
mémoires présentés en séance : une bibliographie rai-
sonnée « où il y a beaucoup d'ordre », que Montlinot,
chanoine de St-Pierre, lut à sa réception ; une lettre
badine du même sur l'établissement du Brunin « qu'on
trouva digne de l'abbé Coyer » ; un mémoire sur les
finances, « opposé au système de l'Ami des hommes »,
qui donna lieu à un échange d'observations avec le marquis de Mirabeau ; un examen critique de l'*Ode à la
Timidité* lu par un commissaire de la Société ; un
mémoire sur la conservation des grains ; une introduc-
tion à l'histoire de Lille développée par l'auteur, l'abbé
Lamoot, bibliothécaire de Saint-Pierre ; un plan d'études
sur le même sujet et enfin des recherches sur les origi-
nes historiques de la Flandre. « Voilà, conclut le railleur
anonyme, à quelques cantatilles près, tout ce qu'on a lu
dans la Société dont on ait connaissance, le nombre des
travaux n'en est pas grand, mais il le deviendra par les
arrangements qu'on a pris depuis peu ». Dans la lettre
suivante, il est question d'une séance publique « inco-
gnito » que vient de tenir le Brunin. Le magistrat y était

représenté par deux députés à qui le chanoine Montlinot
fit « un beau discours ». On lut ensuite le mémoire sur
les farines, déjà cité.

Cette lettre est la dernière qui ait été imprimée ; elle
porte la date du 19 Avril 1760 ; l'auteur en promet d'autres qui n'ont point paru. Un mémoire de Gamonet sur
la Flandre maritime, annoté par « l'Ami des hommes » et
qui ne fut imprimé qu'en 1766, porte la mention d'une
lecture faite en séance de « la Société littéraire de Lille »
le 7 Octobre 1760.

L'existence du Brunin dépassa-t-elle de beaucoup
cette année 1760 ? Il est permis d'en douter. Peut-être la
jouissance du local lui fut-elle retirée par suite de chan-
gements dans la disposition ou l'affectation des différentes
salles de l'Hôtel de Ville ? Cette jouissance, du reste, était
précaire ; aux termes de la décision du magistrat on avait
prévu le cas « où on aurait besoin de l'endroit désigné »
et l'alternative où pourraient se trouver les membres de
la Société « de s'assembler chez l'un ou l'autre d'eux, si
toutes les places dudit hôtel nous étaient nécessaires ».

L'histoire du Brunin restera longtemps encore enveloppée des mêmes ténèbres qui régnaient dans la salle
de ses séances.

LES COCHES D'EAU

de Saint-Omer vers Dunkerque et les

autres Villes de la Flandre Maritime

Aux XVIIE et XVIIIE Siècles

Résumé de la Communication

DE M. J. DE PAS

— ◄►► —

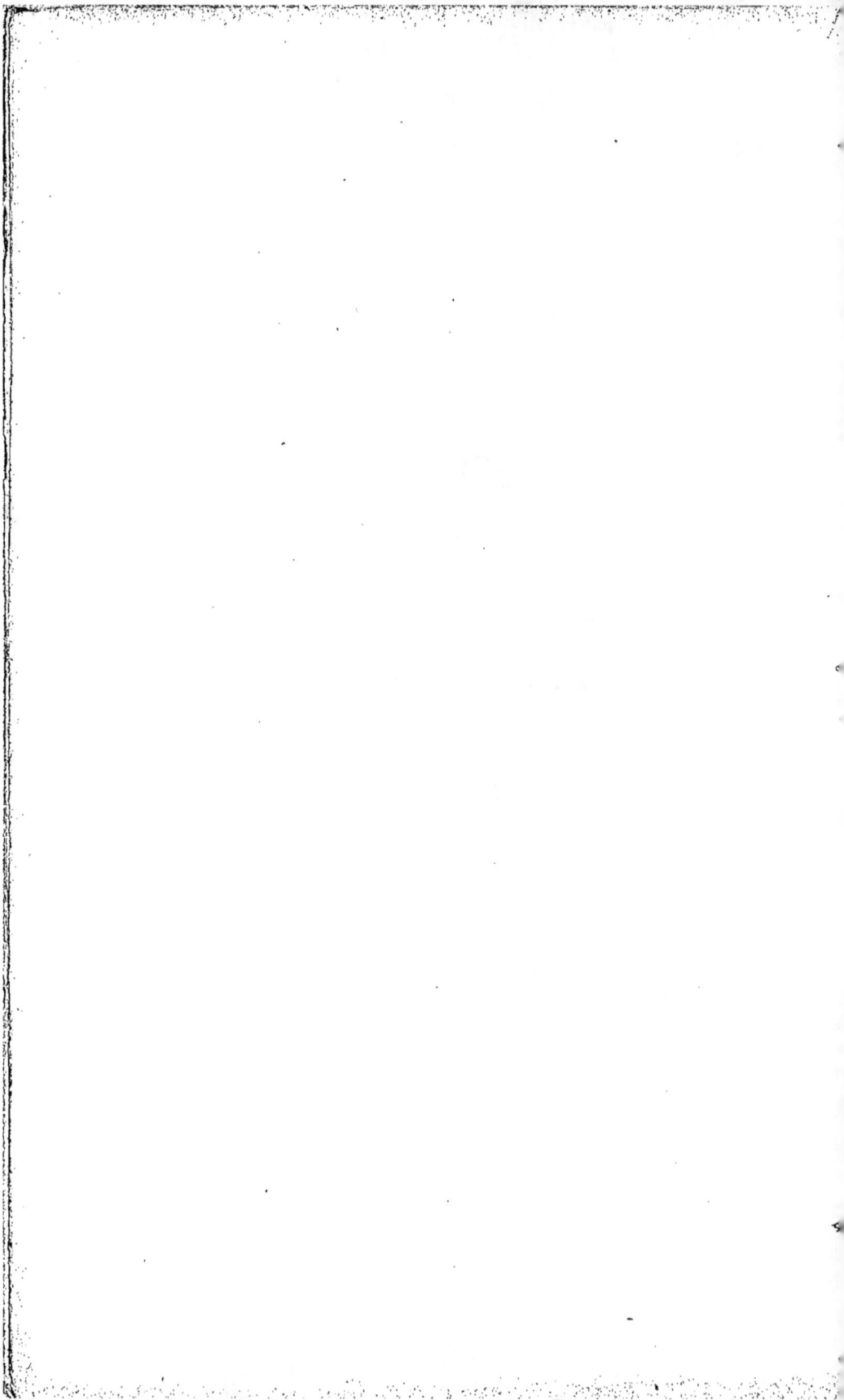

LES COCHES D'EAU

de Saint-Omer vers Dunkerque et les

autres Villes de la Flandre Maritime

AUX XVIIe ET XVIIIe SIÈCLES

·PAR

M. J. DE PAS

————

Par sa position géographique, la ville de Saint-Omer se trouvait être le point terminus des voies de terre se dirigeant de l'intérieur du pays par l'Artois vers la Flandre maritime. Elle fut, au moyen âge et jusqu'au XVIIIe siècle, l'entrepôt des marchandises et le lieu de passage obligatoire des voyageurs venant de l'Angleterre et de la Hollande ou s'y rendant, et qui ne pouvaient quitter qu'à cet endroit la voie terrestre ou fluviale. A ce point de vue, son importance survécut à la décadence de son commerce et les dépenses importantes qu'elle consacra aux ouvrages destinés à rendre l'Aa navigable lui assurèrent un port praticable et toujours suffisant aux exigences du transit. L'absence de chaussées reliant les villes de la région conduisit ces dernières à créer des services réguliers de navigation à l'usage des voyageurs qui n'avaient antérieurement d'autre ressource que de louer individuellement des barques pour se faire trans-

porter des villes du littoral ou des canaux de la Belgique
vers l'amorce des voies de terre.

Les premiers services furent créés entre Saint-Omer
et Bergues. De cette dernière ville s'ouvraient des canaux
tant vers Dunkerque que vers Furnes, Bruges et le cœur
des Pays-Bas ; cette voie avait donc alors par ses ramifi-
cations, une importance prépondérante. Il y eut d'abord
le *bateau de marché* qui, une fois par semaine, conduisait
à Bergues et en ramenait les voyageurs qui s'y rendaient
au marché. On trouve, dans les archives de Saint-Omer,
des mentions qui en constatent l'existence déjà au XVIe
siècle. Ce fut ensuite la barque quotidienne, réglementée
par le Magistrat de Saint-Omer et organisée dès 1669 de
cette ville à Wattendam, où elle rencontrait la barque
venant également chaque jour de Bergues. Il y avait
donc transbordement à Wattendam, mais cet inconvénient fut supprimé dès 1719 ; le même bateau fit
désormais le trajet entier de St-Omer à Bergues. — Entre
ces deux dernières villes, les transports de voyageurs
perdirent de leur importance par la création des Coches
d'eau de Dunkerque à Saint-Omer. Ce nouveau service
fut organisé en même temps que le canal de Dunkerque
Bourbourg et le Guindal. Il s'ouvrit définitivement en
1679, mais il résulte des détails de son fonctionnement
que les lenteurs apportées au voyage par eau entre les
deux villes empêchaient le commerce et les affaires de
profiter des avantages d'une voie de communication
rapide. Ce n'est qu'au milieu du XVIIIe siècle que l'on
sentit la nécessité de réformer les abus provenant de ces
lenteurs et de refondre le service. De nouveaux modèles
de coches appelés *carrosses d'eau* furent construits alors :
ils étaient légers, à quille et susceptibles d'être traînés

par deux chevaux trottant d'une façon continue entre de fréquents relais.

Ces nouvelles barques répondaient donc aux *desiderata* qu'avait suscités l'inconvénient des anciennes : malheureusement leur inauguration coïncidait avec la création de la nouvelle voie de terre, achevée en 1759, de Dunkerque à Lille par Armentières, qui absorba une grande partie du transit des voyageurs et des marchandises entre Dunkerque et l'intérieur du pays. Les carrosses d'eau continuèrent néanmoins à fonctionner et à rendre des services réels dans le rayon resté en dehors des nouvelles chaussées.

L'étude des pièces concernant les anciens coches d'eau fait connaître beaucoup de détails relatifs à l'établissement et à l'amélioration des voies fluviales ainsi qu'aux dépenses engagées par les différentes villes pour ces travaux. Ce sont également les municipalités qui supportèrent les frais de construction et d'entretien des barques, et quand, en 1775, un arrêt du Conseil du Roi décréta la réunion au domaine de Sa Majesté de tous les privilèges de Coches et Diligences d'eau, les villes intéressées firent valoir leurs droits de propriété absolue sur ces services pour lesquels elles n'avaient sollicité aucun concours étranger, et obtinrent ainsi de n'être pas comprises dans les nouvelles prescriptions.

Le travail soumis au Congrès de Dunkerque relève aussi le montant des sommes provenant aux villes du produit des coches d'eau ; il donne enfin quelques renseignements sur les barques de Calais et de Gravelines à St-Omer. Ces barques organisées seulement dans la seconde partie du XVIIIᵉ siècle, n'eurent que peu d'importance, la première à cause de la chaussée déjà construite de Calais à Saint-

Omer, la seconde par suite de la décadence du port de Gravelines.

On voit que l'institution des coches d'eau fut intimement liée à l'organisation des relations commerciales de Dunkerque et de la Flandre maritime avec l'intérieur du pays ; c'est pourquoi il a semblé à la Société des Antiquaires de la Morinie que leur étude méritait d'être tirée de l'oubli comme susceptible d'apporter une contribution appréciable à l'étude de cette branche de l'histoire de notre région.

RECUL EN BELGIQUE

DE LA

Langue Française à notre époque

PAR M. JULES DEWACHTER

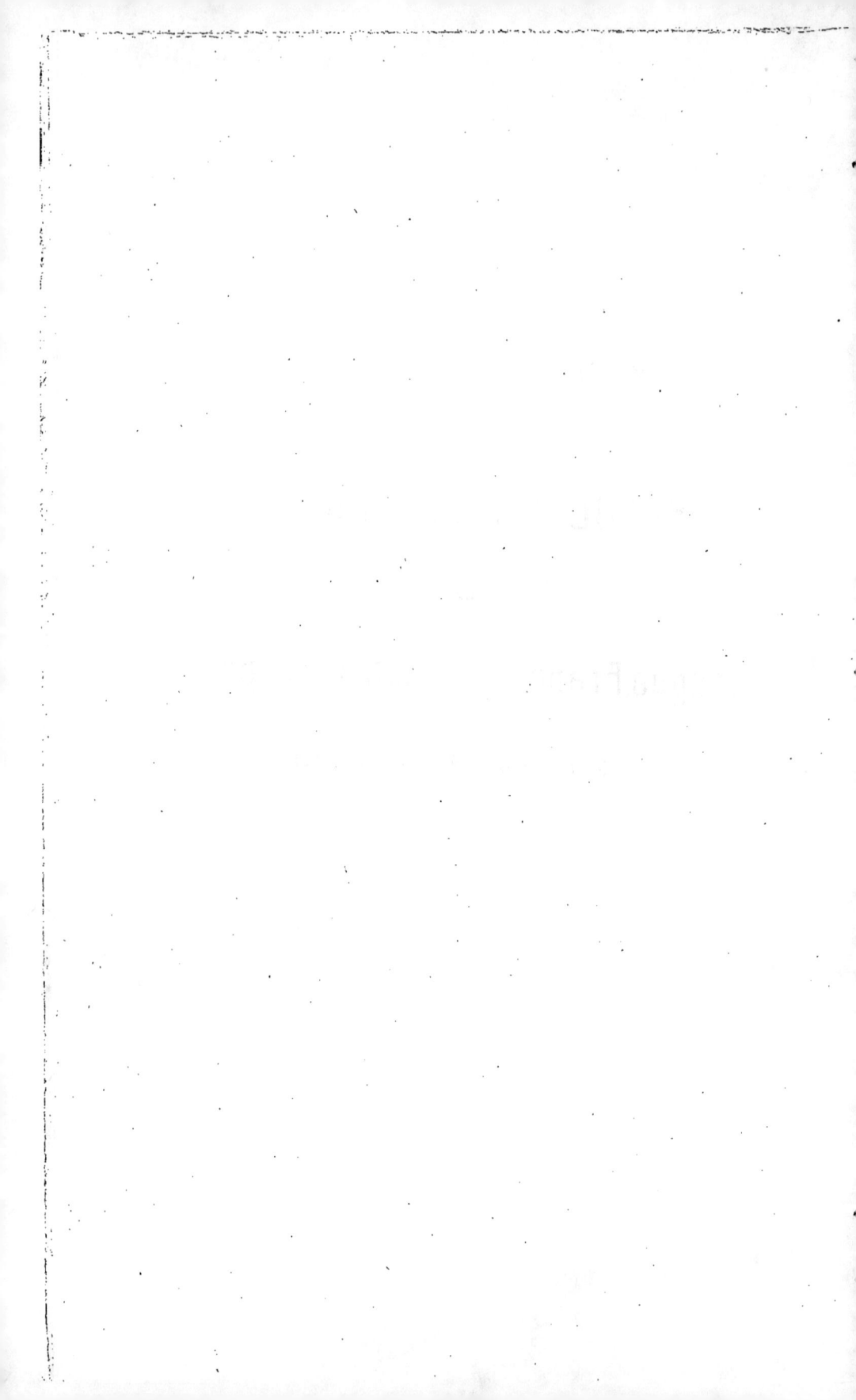

RECUL EN BELGIQUE

de la Langue Française à notre époque

PAR

M. JULES DEWACHTER

———

Si dans la plus grande partie du XIX⁰ siècle, la langue française a gagné du terrain hors de France dans la plupart des pays où elle était en usage, elle en a perdu par contre dans les dernières années.

On le constate en Piémont, en Alsace-Lorraine, dans les îles anglo-normandes, voire même en Suisse (voir les articles de M. René Henry parus dans le *Temps*, en 1906, le 26 Octobre, le 18 Novembre et le 2 Décembre), et en Belgique.

La chose peut paraître paradoxale pour cette dernière puissance. Pourtant le « Recensement général du 31 Décembre 1900 », nous apprend que le nombre de gens ayant déclaré connaître le français s'élevait en 1866 à 40 %, en 1880 à 52 %, en 1890 à 55 % et en 1900 à 55 %, tandis que le nombre de ceux qui possèdent le néerlandais était en 1866 de 56 %, en 1880 de 56 %, en 1890 de 57 % et en 1900 de 58 % et la quantité de personnes connaissant l'allemand était en 1866 de 1 %, en 1880 de 1 1/2 %, en 1890 de 2 %, en 1900 de 2 %.

On voit donc qu'à la dernière décade les gens de langue flamande ont seuls augmenté relativement, alors que le tantième pour cent des deux autres groupes est resté stationnaire.

D'ailleurs, dans beaucoup de communes de la frontière linguistique, les Wallons purs sont en diminution alors que le nombre des Flamands purs et des bilingues est en hausse et ces derniers, presque tous d'origine flamande, n'usent du français qu'avec les gens qui ne connaissent pas leur dialecte germanique. Chose plus extraordinaire : cet envahissement s'étend même en territoire français ; ainsi, si l'on s'en rapporte à l'enquête faite en 1843 par la Commission Historique du Nord, sous la direction de Victor Derode, Halluin et Wervicq-Sud étaient à cette époque en majeure partie françaises, aujourd'hui ces deux villes sont flandricisées.

Cette régression de l'élément wallon en Belgique est d'autant plus inquiétante qu'elle coïncide avec un amoindrissement continu des excédents de la natalité sur la mortalité.

Ainsi, abstraction faite de la province mixte et aux 2/3 flamande de Brabant où le taux d'augmentation a été de 14,22 % de 1890 à 1900, pendant cette même période l'augmentation dans les 4 provinces flamandes a été de 17,03 pour Anvers, de 9,04 pour la Flandre occidentale, de 8,47 pour la Flandre orientale, de 8,07 pour le Limbourg, tandis que dans les 4 provinces wallonnes elle était de 9 pour le Hainaut, de 9,17 pour Liège, de 3,53 pour le Luxembourg et 3,29 pour Namur.

Ce qui donne une majoration considérable aux provinces flamandes et qui fait que la rupture d'équilibre s'accentuera de plus en plus à leur profit.

Pour réagir avant qu'il ne soit trop tard contre l'envahissement du parler thiois, des sociétés se sont mises à l'œuvre, notamment dans la province de Liège. Mais cette propagande patriotique, à laquelle il manque l'appui des pouvoirs officiels, n'a rallié à sa cause qu'un petit groupe d'intellectuels et n'a pas pris racine dans les milieux populaires et paysans, ce qui est indispensable pour réussir. Il faut aussi regretter que trop souvent ces groupements revêtent un caractère politique.

Mais l'insuccès du présent ne permet pas de douter de l'avenir ; le mouvement flamand a débuté dans des conditions analogues et il a réussi.

Il faut espérer que des sociétés de propagande wallonnes se fonderont dans toutes les villes importantes de la Wallonie et surtout dans les communes mixtes où il importe que l'élément wallon se défende bien.

Ce qui compromettrait le succès de la cause, ce serait de lui donner le caractère peu sérieux qui consiste à dénigrer d'une manière systématique tout ce qui est flamand.

Le but doit être d'affermir la langue française dans ses limites actuelles. Pour cela il faut lui conserver en Wallonie la qualité de langue officielle et de langue des enfants, par conséquent des écoles primaires.

Cela ne veut pas dire qu'il ne faille pas apprendre, mais sans caractère d'obligation, les idiomes étrangers qui peuvent être utiles ; seulement au préalable il faut bien savoir le français.

Il importe aussi que les Wallons protestent contre cette tendance des pouvoirs publics qui consiste non seulement à mettre des inscriptions en néerlandais dans les endroits où cet idiome est tout à fait inconnu, mais même à donner aux villes purement wallonnes deux noms dont l'un soi-disant néerlandais n'est pas employé par les habitants, pas même par les Flamands.

Espérons que l'avenir verra se réaliser l'idéal encore utopique d'Albert Mockel :

> La Flandre aux Flamands,
> La Wallonie aux Wallons
> Et Bruxelles à la Belgique.

INTRODUCTION

pour servir à

UN ESSAI

DE GRAMMAIRE DE PATOIS PICARD

PAR M. ALCIUS LEDIEU

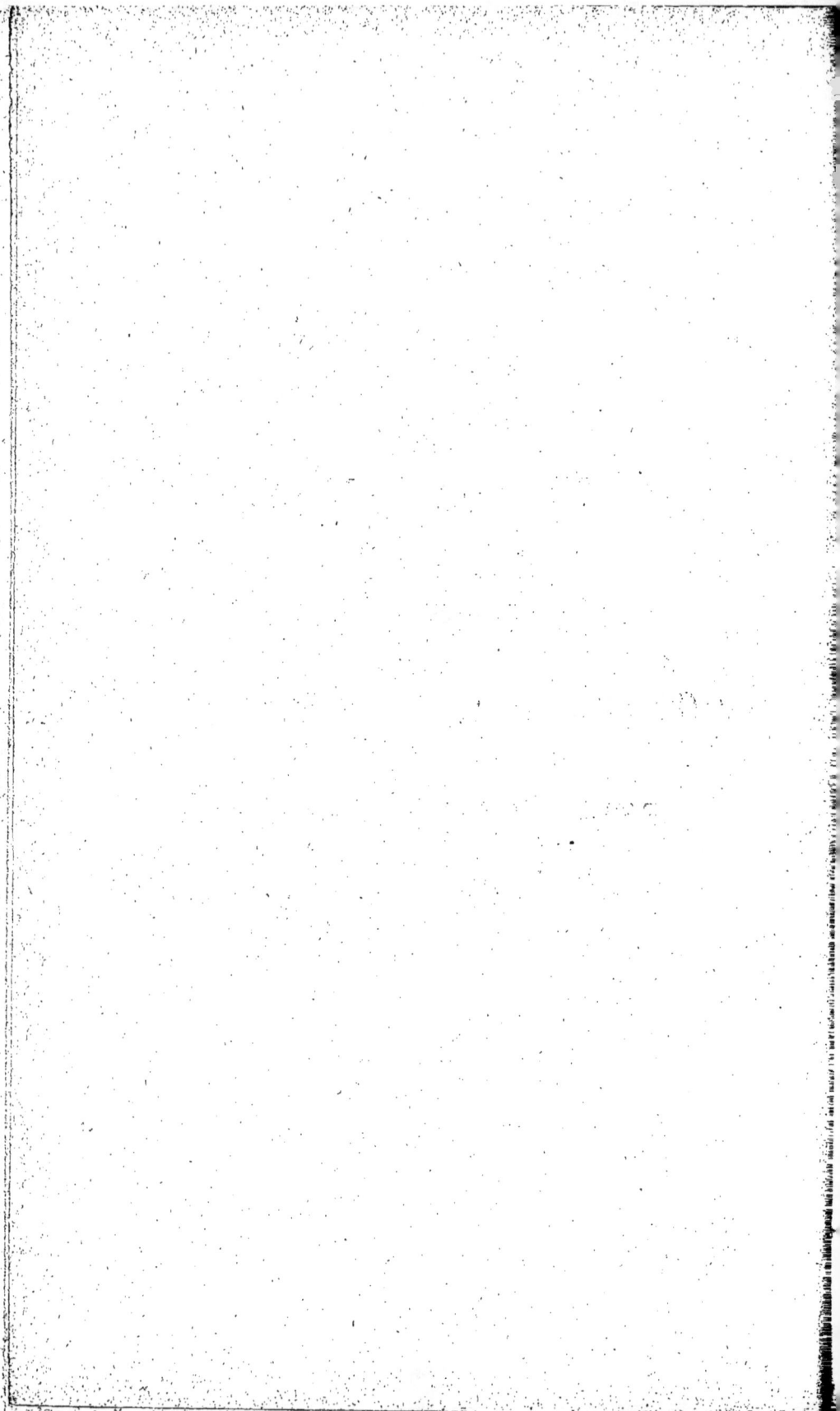

INTRODUCTION

pour servir à

UN ESSAI

DE GRAMMAIRE DE PATOIS PICARD

PAR

M. ALCIUS LEDIEU

Conservateur de la Bibliotheque et des Musées d'Abbeville

Occupé depuis de longues années de la composition d'une grammaire du patois d'un bourg picard, je me suis heurté à chaque instant, dans cette œuvre ardue, à des difficultés de tout genre, parce que le picard, comme tous les patois, « n'a pas d'écrivains qui le fixent, dans le sens où l'on dit que les bons auteurs fixent une langue », suivant la juste remarque de Littré. (1)

C'est qu'en effet, à partir du XIVe ou du XVe siècle, le dialecte picard, si florissant jusque-là, n'a plus été ni cultivé ni écrit. Ce n'est point, cependant, que les productions modernes et contemporaines dans cet idiome ne soient abondantes et variées ; c'est leur multiplicité même depuis le dernier quart du XIXe siècle surtout qui

---

1) *Histoire de la langue française*, II, 130.

nous vaut la confusion orthographique que, déjà, Charles
Nodier trouvait pire que celle des ouvriers de la tour de
Babel. (1)

Aucun de nos auteurs picardisants n'a paru se douter
que, comme pour le français, des règles fixent président
à l'orthographe du picard ; aussi n'est-ce point sans
appréhension que quelques-uns d'entre eux redoutent la
publication d'une grammaire picarde ; avant son apparition, ils en contestent l'utilité.

Il y a parfois, suivant les régions, des différences très
grandes dans la prononciation de notre picard, mais il
n'existe qu'une manière de l'écrire ; et, précisément, les
picardisants font tout le contraire : le même mot est écrit
par eux de différentes façons. Les auteurs sont ainsi
tombés dans une véritable anarchie ; pour les plus
lettrés mêmes de nos paysans, la lecture de ces écrits est
le plus souvent incompréhensible.

Ainsi que l'a fait justement observer un philologue
d'Amiens, H. Daussy, il est inexact de dire que notre
patois n'est autre chose que du français corrompu et mal
parlé. « Comme une erreur en engendre une autre,
ajoute cet auteur, on a été amené à cette aberration de
croire que le picard n'a point de règles, qu'on peut
l'écrire à sa fantaisie, et qu'il suffit de figurer la prononciation des gens de nos faubourgs. Remarquez que ce
sont des amateurs, je dirai même des fanatiques du
picard, — car il faut en être fanatique pour écrire
aujourd'hui dans ce patois, — qui l'ont constellé des
combinaisons typographiques les plus étranges, l'ont

---

(1) *Eléments de linquistique.*

présenté comme une sorte de langage hiéroglyphique, et
ont fait penser à bien des gens qu'il ne pouvait appartenir qu'à un pays de sauvages On nous a fait un picard
indéchiffrable, absolument méconnaissable. Je vous prie
en grâce de ne pas juger le défunt sur une aussi détesta-
ble photographie Il n'était pas bien beau ; on l'a rendu
affreux. » (1)

Je ne suis certes point partisan de l'enseignement du
picard, pas plus que du feu volapuk ni de l'actuel
esperanto. Je constate même avec une infinie satisfaction
l'altération rapide de notre dialecte. Lorsqu'il aura
complètement disparu, qu'y aurons-nous perdu ? Rien,
puisque ce vieux langage ne nous a valu aucune œuvre
digne de passer aux âges futurs. On y aura tout gagné,
au contraire, en ce sens que le français, « en pénétrant
dans nos campagnes, resserrera l'unité de la grande
famille nationale et répandra, grâce à son vocabulaire
plus étendu, une foule d'idées nouvelles et profitables. »

« Un patois, dit fort judicieusement Littré, n'a pas
les termes de haute poésie, de haut style, vu qu'il est
placé sur un plan où les sujets qui comportent tout cela
ne lui appartiennent plus. C'est ce qui lui donne une
apparence de familiarité naïve, de simplicité narquoise,
de rudesse grossière, de grâce rustique. » (2)

Ce que dit Littré d'un patois en général s'applique au
picard en particulier. Depuis une soixantaine d'années,
les journaux locaux et les almanachs de nos chefs-lieux

---

(1) *Le patois picard et Lafleur ;* discours prononcé à l'académie
d'Amiens le 17 Décembre 1876, p. 6.

(2) *Loc. citt.*

ont reproduit une foule de dialogues, de contes, d'histo-
riettes, de chansons, de pièces de vers en patois picard
plus ou moins fortement assaisonnés du sel gaulois, car
notre dialecte, comme

Le latin dans les mots brave l'honnêteté.

L'abbé Haigneré s'est apitoyé bien inutilement sur la
perte de ces productions et sur les « brochures éphémè-
res que le vent du 31 Décembre emporte à l'oubli et qui
mériteraient un meilleur sort. » (1) Il ne faut point atta-
cher à ces pièces plus d'importance qu'il ne convient ;
elles n'étaient considérées par leurs auteurs que comme
un amusement, et elles ne présentent aucun intérêt au
point de vue littéraire et philologique ; les amateurs de
phonétique y trouvent peu de chose.

Est-ce la fin, sinon prochaine, du moins certaine, de
notre vieil idiome qui provoque l'actuelle abondance
d'écrits en patois picard ? Dans tous les cas, ces productions marquent bien la transformation profonde constatée
plus haut. Ce n'est plus aujourd'hui le vieux picard des
personnes âgées de mon enfance, car ce dialecte n'est
point fixé et ne peut l'être.

Il apparaît visiblement dans les œuvres de nos modernes patoisants qu'ils ont d'abord écrit en français et
qu'ils ont ensuite traduit en picard ; par distraction ou
pour toute autre cause, ils ont gardé des tournures et des
mots français dont l'équivalent picard ne venait pas à
leur mémoire ou leur était inconnu ; et dans ces produc-

---

(1) *Le patois boulonnais....*, p. 8.

tions, l'esprit picard, si caractéristique, fait complètement défaut.

Le vocabulaire du patois picard est très restreint, ainsi qu'on en peut juger par le *Glossaire* qu'en a publié l'abbé Corblet ; cet auteur a catalogué un peu plus de six mille mots, y compris des doubles emplois, des mots particuliers à tels ou tels cantons et inusités dans d'autres cantons, des mots français et des mots du vieux picard tombés en désuétude. Mon *Glossaire* de Démuin, — qui est incomplet, il est vrai, — ne contient que trois mille trois cents mots. Comme on le voit, nous sommes loin des trente-six mille mots du Dictionnaire de l'Académie française, dont la dernière édition est du mois de Décembre 1876.

Le patois picard ne peut guère être employé en dehors des nécessités communes de la vie domestique et de la vie rurale ; suivant la remarque de H. Daussy, « il est impossible de causer en picard de science, d'histoire, de philosophie, de belles-lettres. d'art, de politique, enfin de tout ce qui intéresse un esprit cultivé. » (1)

Vouloir établir, à l'heure présente, un système uniforme d'orthographe, ne fût-il qu'approximatif, c'est presque du temps perdu. Avant un siècle, l'étude du patois picard ne relèvera plus que du domaine de l'érudition. C'est donc, en quelque sorte, un adieu anticipé que je lui adresse ; c'est, si l'on veut, son acte de décès que j'ai voulu établir, car la philologie, a-t-on dit, peut « être utile aussi bien à l'histoire des peuples qu'à celle de l'esprit humain. » Cependant, je dois l'avouer, ce n'est

---

(1) *Loc. cill.*, p. 9.

point pour les philologues seuls que j'ai rédigé ce livre.
Avant tout, j'ai voulu faire œuvre de vulgarisation pour
mes compatriotes et leur montrer que l'écriture du
langage qu'ils parlent quotidiennement obéit à des lois
que l'on ne soupçonne guère.

Le picard est une langue romane qui fait suite au
latin parlé à l'origine dans le Latium seulement. D'après
deux maîtres de la philologie, « le latin s'étendit avec la
puissance de Rome et supplanta successivement les
dialectes des nations conquises dont la civilisation
était inférieure à celle des Romains. » (1)

Le latin vulgaire se transforma de plusieurs façons
suivant des influences diverses. En Gaule, il a donné
naissance à deux groupes principaux, la *langue d'oc* et la
langue d'oïl ; cette dernière comprend une dizaine de
dialectes, entre autres le picard et le francien ; celui-ci
était parlé dans l'Ile-de-France et aux alentours. « De
bonne heure, le parler de l'Ile-de-France qui, en littéra-
ture n'était cependant pas le plus riche, commença à
prendre le pas sur les autres. » (2) Peu à peu, les classes
supérieures de la société ont préféré le francien au picard,
et ce dernier ne servit plus qu'aux usages de la vie
commune chez les paysans.

Aujourd'hui, les patois picards ne sont qu'une langue
parlée, qu'il est fort difficile d'écrire ; aussi, chaque
picardisant a-t-il sa manière particulière, d'autant que
les prononciations sont diversifiées à l'infini ; elles

---

(1) G. Paris et E. Langlois, *Chrestomathie du moyen âge*, introd., p. X.
(2) G. Paris et E. Langlois, *Loc. citt.*, p. XIII.

varient d'un village à l'autre, d'une rue à l'autre dans le même village et aussi d'une famille à l'autre.

La meilleure orthographe, c'est celle qui consiste à faire emploi du nombre de caractères strictement nécessaires pour déterminer le son d'un mot. Les vingt-cinq lettres de l'alphabet suffisent au français pour marquer les sons que perçoit l'oreille ; le picard ne doit pas nécessiter un plus grand nombre de caractères. En tout, la simplicité est le terme de l'art.

Il est peu de langues qui s'écrivent comme elles se prononcent ; elles ont souvent plusieurs notations pour une même articulation ou inversement. Le français lui-même présente semblable anomalie, puisque l'on écrit : *Nous* PORTIONS *des* PORTIONS *aux poules du* COUVENT *qui* COUVENT. — *Il* CONVIENT *que nos parents vous* CONVIENT. — *Nous* NOTIONS *les* NOTIONS *d'orthographe de notre professeur.*

Des érudits, voulant appliquer aux patois *l'ortograf fonétic*, ont créé un système graphique dans lequel les voyelles et les consonnes sont accompagnées d'un nombre considérable de signes diacritiques afin de reproduire la physionomie de la prononciation. Pourtant, de l'aveu même des partisans de cette graphie phonétique et uniforme, « ce système ne peut représenter tous les sons, dont la gamme renferme un nombre illimité d'intervalles. » [1] Rien n'est plus vrai pour le patois picard ; dans certaines régions, le *c*, le *g* et le *q* ont une prononciation particulière qu'on ne saurait rendre par la graphie, et qu'il est indispensable d'avoir entendue pour s'en faire idée.

---

[1] Ed. Edmont, *Lexique saint-polais*, Introd., p. XIII.

Vouloir appliquer l'*ortograf fonétic* au picard, ce
serait créer des difficultés nouvelles, car les mots n'auraient plus ni forme, ni corps, ni figure, chaque auteur
écrivant suivant les facultés de son oreille et l'impression
qu'il en reçoit.

J'admets que, pour les érudits, l'on emploie la graphie
spéciale qu'ils ont établie, mais seulement dans les glos-
saires ; chaque mot, écrit d'après l'alphabet français
serait suivi de sa prononciation figurée. Mais, si l'on
écrivait les œuvres en patois selon cette méthode, elles
ne pourraient être lues que par le plus petit nombre ;
l'aspect de ces pages, que l'on prendrait pour du sanscrit,
effraierait les plus hardis.

Pour le but que je me propose, j'ai cru devoir adopter
la graphie qui, en français, correspond au son picard.
J'ai voulu que ce petit traité, qui ne vise nullement à
l'érudition, pût servir de guide à ceux de mes compatriotes qui seraient piqués de la tarentule d'écrire dans
leur langue maternelle. Il devait donc être mis à leur
portée ; aussi, pour la *Phonétique*, je ne me suis nullement préoccupé de l'origine des sons ni de leur
évolution.

Quant à la *Grammaire*, elle est calquée sur une grammaire française en usage dans les écoles primaires. Je
sais bien que cette imitation n'est point heureuse, mais
je n'avais pas le choix.

Les exemples que je donne à l'appui des règles posées
sont tous empruntés à la conversation courante des
habitants. Je me suis bien gardé de recourir aux œuvres
des picardisants pour l'excellente raison que leur orthographe est par trop fantaisiste ; que de fois ne leur

arrive-t-il pas d'écrire le même mot de trois ou quatre manières différentes! C'est cette anarchie orthographique contre laquelle on ne saurait trop s'élever, qui m'a fait rechercher les règles qui président au dialecte picard. Je n'ai point la prétention de les imposer ; mon entreprise a surtout pour but d'arriver à établir un système uniforme pour écrire le picard.

LES MISÉRICORDES SATIRIQUES

D'HOOGSTRAETEN

PAR M. L. MAETERLINCK

———◆◆◆———

Les Miséricordes Satiriques
d'Hoogstraeten

PAR

M. L. MAETERLINCK

On sait que les *miséricordes* sont des petits rebords
sculptés, que l'on plaçait sur la partie mobile des sièges
des stalles. On les appelait aussi des *patiences*, probablement parce qu'il en faut beaucoup pour s'y maintenir à
moitié assis lorsque le siège est relevé.

Ces rebords ou consoles, se trouvant ordinairement
en contact avec une partie du corps considérée comme
peu noble, on comprendra que nos joyeux imagiers et
hûchiers flamands choisirent de bonne heure les miséricordes pour y représenter des sujets profanes, et des
drôleries parfois plus que grivoises.

Il ne reste malheureusement rien en Belgique des
stalles antérieures au XIIᵉ et au XIIIᵉ siècles. Les quelques stalles du XIIIᵉ siècle que nous possédons : celles du
prieuré d'Hastière et les fauteuils sculptés de Celles, près
de Dinant, présentent déjà quelques images grotesques
d'animaux ou de monstres.

Nos stalles les plus intéressantes appartiennent aux
XVᵉ et XVIᵉ siècles. Ce sont, en les citant par ordre
d'ancienneté, celles des églises de Saint-Pierre à Louvain,

de Saint-Sauveur à Bruges ; et les sièges sculptés
d'Aerschot, de Walcourt et d'Hoogstraeten.

Quoique peu connues, les stalles de la Collégiale
d'Hoogstraeten sont remarquables par leur richesse et
leur beauté. Les archives de cette localité, située dans la
Campine Anversoise, nous font connaître le nom de leur
auteur : Albrecht Gelmirs. Il figure sur le livre des
Comtes de Lalaing, Seigneurs d'Hoogstraeten, entre 1531
et 1532.

Chacun des fauteuils est muni d'accoudoirs, sur
lesquels sont disposées des figures sculptées assez grandes, caricaturisant un défaut ou un vice. Le porc
personnifiant la gourmandise et la luxure, voisine avec le
singe qui en iconographie représente l'homme vicieux
descendu au rang de la brute. Puis nous voyons défiler
des buveurs, un grand broc à la main, suivis d'une
Mélusine ou Sirène, image symbolique du pouvoir perni-
cieux de la femme, dont le charme séducteur entraîne
l'homme à sa perte, dans ce monde comme dans l'autre.

Les satires concernant la duplicité du beau sexe
sont nombreuses, parmi ces miséricordes. Une robuste
commère campinoise, à cheval sur un maître d'école,
qu'elle gourme à coups de trique, constitue une parodie
du *lai d'Aristote* si fréquemment représenté sur les stalles
françaises. Le *lai de Virgile* non moins populaire suit.
Puis, en trois sculptures, se déroule l'*Histoire de Samson*.
A côté de ces exemples tirés de la Bible ou de la légende,
le naïf sculpteur flamand en a composé d'autres de son
crû ; une « virago » force son mari à filer à grands coups
de quenouille, une autre se fait voiturer en brouette ; le
combat pour la culotte se retrouve en plusieurs variantes,
l'une d'elles nous montre l'homme brandissant joyeuse-

ment l'emblème de la suprématie dans les ménages, tandis que deux rivales se prennent aux cheveux.

Les sculptures mettant nos ancêtres en garde contre l'ivrognerie ne sont pas moins nombreuses. Puis se déroulent les proverbes, sagesse des nations : *Margaritas ante porcos*, qui figure aussi sur les miséricordes de Rouen ; « le porc dans sa bauge » ; « beaucoup de bruit et peu de laine », etc., etc. Les satires des métiers ne sont pas oubliées. Des boulangers se battent à grands coups de pelle à enfourner ; celles des tournois, parodiés par des bourgeois sur des chevaux de bois, suivent. D'autres prennent à partie les moines prêcheurs ou mendiants. L'un jette son froc aux orties, un autre entraîne une femme dans son couvent ; ailleurs un moine enfermé dans un globe terrestre est culbuté par un laïc armé ; tandis qu'un autre religieux se dispute avec un rhétoricien pour la suprématie du monde.

Comme on le voit, l'examen de ces 54 miséricordes profanes et inédites présente un grand intérêt au point de vue folkloriste flamand, d'autant plus que nous y trouvons des détails précieux sur le mobilier, les costumes et les mœurs en usage dans une petite localité anversoise au commencement du XVI⁰ siècle. Ces sculptures sont d'autant plus utiles qu'elles viennent se placer entre les dernières œuvres de Jérome Bosch (van Aken), mort en 1516, et les premières compositions réalistes du plus célèbre de nos peintres drôles, Pierre Bruegel le Vieux, mort en 1569.

LE SERMENT

A LA CONSTITUTION CIVILE DU CLERGÉ

DANS LE NORD & LE PAS-DE-CALAIS (1791)

PAR M. PH. SAGNAC

LE SERMENT

À LA CONSTITUTION CIVILE DU CLERGÉ

DANS LE NORD ET LE PAS-DE-CALAIS (1791)

PAR

M. PH. SAGNAC

Des tableaux statistiques formés par les directeurs des départements du Nord et du Pas-de-Calais (Archives nationales, fonds du Comité ecclésiastique, D XIX, 22), complétés, pour le district de Cambrai, par une étude statistique de M. Richard, faite d'après des documents des Archives départementales de Lille, montrent que la région du Nord (départements du Nord et du Pas-de-Calais) est essentiellement réfractaire à la Constitution civile du clergé. Les « ecclésiastiques fonctionnaires publics », obligés par le décret du 27 Novembre 1790 de prêter le serment (évêques, curés, vicaires, professeurs de collège) sont, pour les 4/5, hostiles au décret de l'Assemblée constituante. Dans le département du Nord, la proportion des prêtres réfractaires est de 79 %, dans celui du Pas-de-Calais de 81 %. Il y a, sans doute, des différences suivant les districts ; mais ce ne sont que de faibles nuances, sauf dans le district d'Avesnes qui, en majorité constitutionnel, annonce les Ardennes.

Cette région du Nord diffère nettement des régions voisines. Le département des Ardennes est aux 2/3 constitutionnel, celui de la Somme, dont nous n'avons la statistique que pour 3 districts, a également un clergé en majorité constitutionnel.

La région du Nord ressemble à celle de l'Est (Moselle et Bas-Rhin), et à la grande région réfractaire de l'Ouest (Bretagne, Vendée).

On voit que les pays réfractaires sont aux frontières (Nord, Est, frontière maritime de l'Ouest), et que cette position géographique, les mettant en relations plus faciles avec les émigrés et les ennemis (Anglais, Autrichiens, Prussiens), augmente encore pour la France le danger de la guerre civile.

Pourquoi le Nord fut-il réfractaire? La langue ne suffirait pas à l'expliquer. La Flandre wallonne, l'Artois sont aussi réfractaires et même plus que la Flandre maritime qui parle le flamand. Cela tient surtout à l'histoire des Pays conquis, qui subirent la domination espagnole, et, à la différence des Provinces-Unies, ne réussirent pas à l'abattre ; les Pays-Bas du Sud étant devenus d'autant plus catholiques que ceux du Nord devenaient protestants, furent marqués d'une empreinte ineffaçable. L'esprit ultramontain, jésuite, y dominait : sa forteresse, c'était l'Université de Douai, créée en 1562. pour combattre l'hérésie. Or, la Constitution civile du clergé était le triomphe le plus complet du gallicanisme.

ESQUISSE

D'UNE

HISTOIRE DES SUBSISTANCES

DANS LE DISTRICT DE BERGUES,

PENDANT LA RÉVOLUTION

PAR M. G. LEFEBVRE

ESQUISSE

D'UNE

HISTOIRE DES SUBSISTANCES

DANS LE DISTRICT DE BERGUES,

PENDANT LA RÉVOLUTION

PAR

M. G. LEFEBVRE

Professeur au Lycée de Lille

Le département du Nord comprenait 8 districts. Au point de vue des subsistances, ceux de Bergues et d'Hazebrouck se distinguaient nettement des autres : ils exportaient ou, au pis aller, ils se suffisaient. Toutefois, le district de Bergues se trouvait dans une situation moins favorable que celui d'Hazebrouck :

1° Le principal centre de population, la ville de Dunkerque, ne comptait point, à raison de sa situation géographique, parmi les marchés importants du district. Il lui fallait donc s'approvisionner aux marchés de Bergues — (de même Gravelines à Bourbourg) : de là des à-coups dans le ravitaillement et des conflits entre les municipalités en cas de disette.

2° Dunkerque était un centre d'exportation. Or l'exportation était mal vue de la population même en temps

normal. En temps de famine, elle provoquait des troubles
non seulement à Dunkerque, mais aussi le long des
canaux où passaient les blés à embarquer.

Ces difficultés — en quelque sorte normales — paraissent avoir été les seules qu'on ait eu à résoudre jusqu'à
la guerre (1789-92).

La guerre marque le début d'une seconde période
caractérisée par les réquisitions militaires et par la
réduction de la production (1792-93).

On aboutit ainsi à une véritable famine qui commence
en l'an II et va s'aggravant en l'an III et en l'an IV.

I

1789-1792

La récolte de 1788 paraît avoir été fort médiocre, au
moins dans la région de Dunkerque. Néanmoins il n'y
eut pas de troubles graves avant l'automne de 1789. A
Dunkerque, les marchés furent à peu près tranquilles
jusqu'en Juin. Les négociants — principalement Devinck
— prélevaient sur leurs importations de quoi les approvisionner. Les marchés de l'intérieur furent plus agités à
cause des achats qu'y faisaient les boulangers de Dunkerque et de Gravelines (conflit à Bergues, Juin ; à
Bourbourg, 4 Juin) et aussi les marchands (émeute à
Hondschoote, 22 Mars).

La situation s'aggrava en Juin. A Dunkerque, les
négociants élevèrent leurs prix (rupture de Devinck avec
la Municipalité, son mémoire du 18 Juin). La Municipalité dut acheter du blé à partir du 4 Juin pour gouverner

le commerce du blé sous le couvert de quelques marchands. Cette mesure, indispensable pourtant, lui semblait pleine d'inconvénients. D'autant plus que le département de Flandre maritime se refusa, en Juin, à constituer un approvisionnement général à frais communs.

A la fin de Juillet, l'agitation politique vint mettre le comble aux difficultés. Le 25 Juillet, on forme la garde bourgeoise et on prend la cocarde — en même temps, on oblige les paysans à vendre le blé à 30 livres. Le 1er Août, la Municipalité est obligée de fixer officiellement à ce même taux le prix du blé pour les boulangers. Ensuite l'agitation semble être devenue surtout politique à Dunkerque. Mais la crise économique continue à Bergues, où elle aboutit à une émeute importante, les 21 et 22 Septembre.

La fin de 89, les années 1790 et 1791 ne paraissent pas avoir vu de disette. Mais des difficultés d'un autre ordre entretinrent l'agitation pendant cette période. Si l'exportation était interdite, du moins était-il permis de transporter par mer les blés que réclamaient les ports de l'Océan et plusieurs villes de l'Aquitaine. Le long des canaux et à Dunkerque même, le passage des blés et leur embarquement provoquèrent à deux reprises, pendant les hivers de 1790-91 et de 1791-92, une agitation violente qui alla jusqu'à l'émeute. Dans l'hiver de 1790-91, l'agitation est encore bénigne. Ce sont des arrestations et des pillages de bélandres (Dunkerque, 18 Novembre 90 Watten et Holque, 23 et 24 Novembre 90 — Warhem, 13 Janvier 91).

La Municipalité de Dunkerque proposa d'interdire les envois de blé par mer. Le département émit un avis favorable. Mais la loi du 7 Décembre 1790 maintint la libre circulation et ordonna de poursuivre les émeutiers du Nord. Le département s'efforça donc de calmer l'opinion par une proclamation et par des mesures de contrôle destinées à empêcher la fraude (envoi d'un commissaire à Dunkerque).

Cela n'empêcha pas les troubles de recommencer l'hiver suivant (Dunkerque : 1er Octobre 91 — Watten 12-14 Janvier 92). Le 26 Janvier 92, les négociants de Dunkerque se plaignirent des obstacles apportés à la circulation et, le 9 Février, le district convint que les « *rumeurs* » étaient au comble. Les bélandres ne circulaient plus que sous escorte. Les 6 et 7 Février, éclatèrent des échauffourées le long des canaux ; puis le 7, une émeute à Bergues ; enfin les 14 et 15 une véritable insurrection à Dunkerque.

Le District demandait toujours la suspension de la circulation par mer. Le département n'était pas moins favorable à cette mesure (7 Mars, lettre à la Législative). Mais il n'obtint rien.

II

1792-93

La guerre, en concentrant des troupes dans le département et en nécessitant la constitution d'approvisionnements dans les places fortes, amena, dès l'été de 1792, un renchérissement considérable. La dépréciation des assignats commençait à jouer aussi un rôle important (Lettre du dép' au district, 5 Août). A Dunkerque, l'approvisionnement commença même à devenir difficile. Aussi les troubles recommencèrent dans l'été de 1792 (émeute de Bourbourg, 17 Août 1792), puis au printemps de 1793 (Watten, 21 Juin). On visait toujours la sortie des

grains par Dunkerque La guerre avec l'Angleterre
la supprima. Mais la circulation intérieure n'en
continua pas moins à provoquer des troubles comme le
prouve l'émeute de Watten. Il est donc clair qu'à partir
de l'été 1792, la cherté commençait à devenir intolérable,
C'est ainsi qu'on arriva au maximum (4 Mai 1793)

Mais le prix n'était déjà plus qu'une difficulté secon-
daire, particulièrement dans le Nord. Le blé se faisait
rare et contre cet inconvénient le maximum ne pouvait
rien. Bien au contraire il rendit les marchés déserts. (Le
16 Août 1793, au marché de Dunkerque, il n'y eut qu'un
sac de blé).

Néanmoins il ne paraît pas douteux que les réquisitions militaires n'aient contribué principalement à vider
les greniers et par conséquent les marchés dans le cours
de 1793 et de l'An II (5 Mai 1793 : 60.000 sacs de grains ;
20 Août : 20.000 ; 27 Brumaire, An II : 100.000 ; 29 Nivose :
10.000 ; 27 Ventose : 40.000 q^x de fèves ; 3 Thermidor, An II :
84.000 q^x de grains, etc. Ces réquisitions s'entendent du
département). Outre l'armée, il fallait approvisionner les
places de guerre (dans l'été de 1793, achats dans le district de Bergues pour la place de Lille, *au-dessus du
maximum ;* le 20 Août, ordre d'approvisionner Bergues
et Dunkerque pour deux mois ; etc.). L'occupation étrangère et française vint ajouter à ces réquisitions les
exigences particulières des troupes cantonnées. Enfin, de
tous les districts voisins affluaient les acheteurs administratifs : la population civile y était déjà aux abois. Le
District de Bergues assailli de réquisitions finissait par
n'y plus rien entendre (9 Septembre 1793)

La récolte de 1793, compromise par l'invasion, fut
ainsi prématurément absorbée. Ce fut pire au début de
l'An III. Les inondations stratégiques, le défaut de bras,

les réquisitions de chevaux et de chariots avaient réduit
les emblavements de l'an II. Il en fut du reste de même
en l'An III. Or les réquisitions pleuvaient toujours (le
3 Thermidor, An II : 84.000 sacs sur le département) et les
districts de Bergues et d'Hazebrouck en supportaient la
plus grande part. On aboutit ainsi à la grande famine de
l'An III et de l'An IV.

<h2 style="text-align:center">III</h2>

La population civile semble avoir moins souffert dans
le district de Bergues que dans le Sud du département
jusqu'à la fin de 1793 : il fallut quelque temps pour
épuiser les réserves. Le maximum avait partout rendu les
marchés déserts et entraîné ses conséquences ordinaires :
les réquisitions et les garnisaires, et enfin la municipalisation de la boulangerie (lois du 18 Vendémiaire et du
25 Brumaire, An II). Mais ce fut seulement le 14 Nivose, An II
que, dans une conférence sur les subsistances, le District
de Bergues décida d'en venir à des mesures de rigueur et
de faire arrêter les municipalités qui n'avaient pas
fourni régulièrement aux marchés. Il semble que la
menace ait suffi. On éprouva sans nul doute de grandes
difficultés à approvisionner Dunkerque, mais on y parvint : le 20 Messidor, le district constatait que jusqu'ici
cette ville avait été à peu près alimentée. Pour cette
raison, il ne paraît pas que le district ait fait de grands
efforts pour généraliser la municipalisation de la boulangerie et la confection uniforme du pain de l'égalité.

La crise ne commença vraiment que dans l'été de
1794. Le recensement du 9 Prairial mit en évidence un
déficit supposé de 60.000 q^x. En Messidor, à Dunkerque
et à Bergues, les marchés étaient déserts et les magasins

vides. Alors on en vint aux mesures de rigueur et aux
expédients. Le 20 Messidor, An II, les gardes nationaux de
Dunkerque sont requis de se transporter dans les communes, ce qui donne momentanément de bons résultats (en
Thermidor). En Fructidor, on obtient quelques secours
du Gouvernement. On espère ainsi atteindre la
moisson.

Vain espoir ; la moisson s'achève et les marchés
restent déserts. On manque de batteurs et les paysans ne
sont pas pressés d'en trouver. Le 21 Fructidor, le
12 Vendémiaire, nouvelles réquisitions ; le 1er Vendémiaire, envoi de commissaires pour stimuler le zèle des
municipalités. Tout est inutile. Alors le 16 Vendémiaire
ordre est donné d'arrêter et d'amener au district les
maires et agents nationaux des municipalités récalcitran-
tes. Mais dès le 7 Brumaire, le District constate que cette
mesure est restée inefficace. Alors il se décide à faire
arrêter les cultivateurs eux-mêmes. Puis le 22 Frimaire,
les gardes nationaux commencent à circuler de commune en commune, y séjournant jusqu'à ce qu'elles se
soient exécutées. Pendant tout l'hiver de l'An III, le
District s'occupe à interroger les personnes mises en
arrestation et à diriger les mouvements de la force
armée. A peine les communes sont-elles à jour qu'elles
retombent dans leur inertie. Ainsi, la suppression du
maximum en Frimaire, An III, ne rétablit pas les marchés
et les moyens coercitifs ne purent être abandonnés
malgré le retour théorique à la liberté commerciale.

Cependant, au printemps de l'An III, la situation
empire et de plus en plus à mesure que l'été s'avance.
Dès le 16 Frimaire, on a réquisitionné les seigles et les
soucrions. Le 23 Floréal, Gravelines mange déjà du pain

d'orge depuis six semaines. Les campagnes sont réellement épuisées et ne peuvent même parvenir à compléter les réquisitions militaires.

En Ventose, le District fait un appel désespéré mais vain au Comité de Salut Public. Il ne lui reste plus qu'à conseiller aux villes d'acheter des grains à l'étranger et à leur avancer des fonds à cet effet (100.000 livres à Bergues, en Floréal). En Thermidor, on vit d'emprunts aux magasins militaires et on distribue du riz aux indigents. Beaucoup de bourgs et même de communes rurales sont réduites au même régime.

La situation ne s'améliora pas en l'An IV, du moins en ce qui concerne les villes car, pendant l'hiver, les villages pouvaient vivre du moins sur la moisson. Mais le district se trouvait en déficit. Le 11 Brumaire, l'administration se déclarait positivement incapable de fournir le reliquat des réquisitions militaires. Ce même mois, l'emploi de la force armée était de nouveau général et l'on était obligé de décharger certaines communes de l'obligation d'approvisionner les marchés, tant leur situation paraissait précaire. En Ventose, la pénurie était complète à Dunkerque. La situation devait être réellement grave pour que le District se soit enfin résolu à prescrire une municipalisation rigoureuse de la boulangerie (arrêté du 29 Vendémiaire, An IV). Cet arrêté ne fut d'ailleurs pas entièrement maintenu. Mais il est caractéristique.

Autant que les dépouillements, encore incomplets pour la période postérieure, permettent de le conjecturer, il semble que la crise s'atténua seulement en l'An V : l'armée avait quitté le département ; la Belgique s'ouvrait aux acheteurs ; la culture se rétablissait.

Cette esquisse suggère, semble-t-il, quelques conclusions provisoires :

1° Elle confirme ce qu'on savait déjà de la puissance agricole du district et du rôle que jouait la circulation du blé dans les émeutes relatives aux subsistances : la peur de la disette faisait plus que la disette même.

2° Elle montre que la guerre désorganisa profondément la production agricole et épuisa complètement les réserves des paysans.

3° Il est particulièrement curieux de voir le district de Bergues adopter des mesures révolutionnaires ou « terroristes », en matière de subsistances, au moment où la « terreur » politique prenait fin. Dans ce district le régime révolutionnaire fut ainsi, pourrait-on dire, à double détente et prolongea ses conséquences économiques jusque sous le Directoire.

L'Industrie de l'Impression

des Toiles, à Lille

(2ᵉ moitié du XVIIIᵉ Siècle)

Par M. A. de SAINT-LÉGER

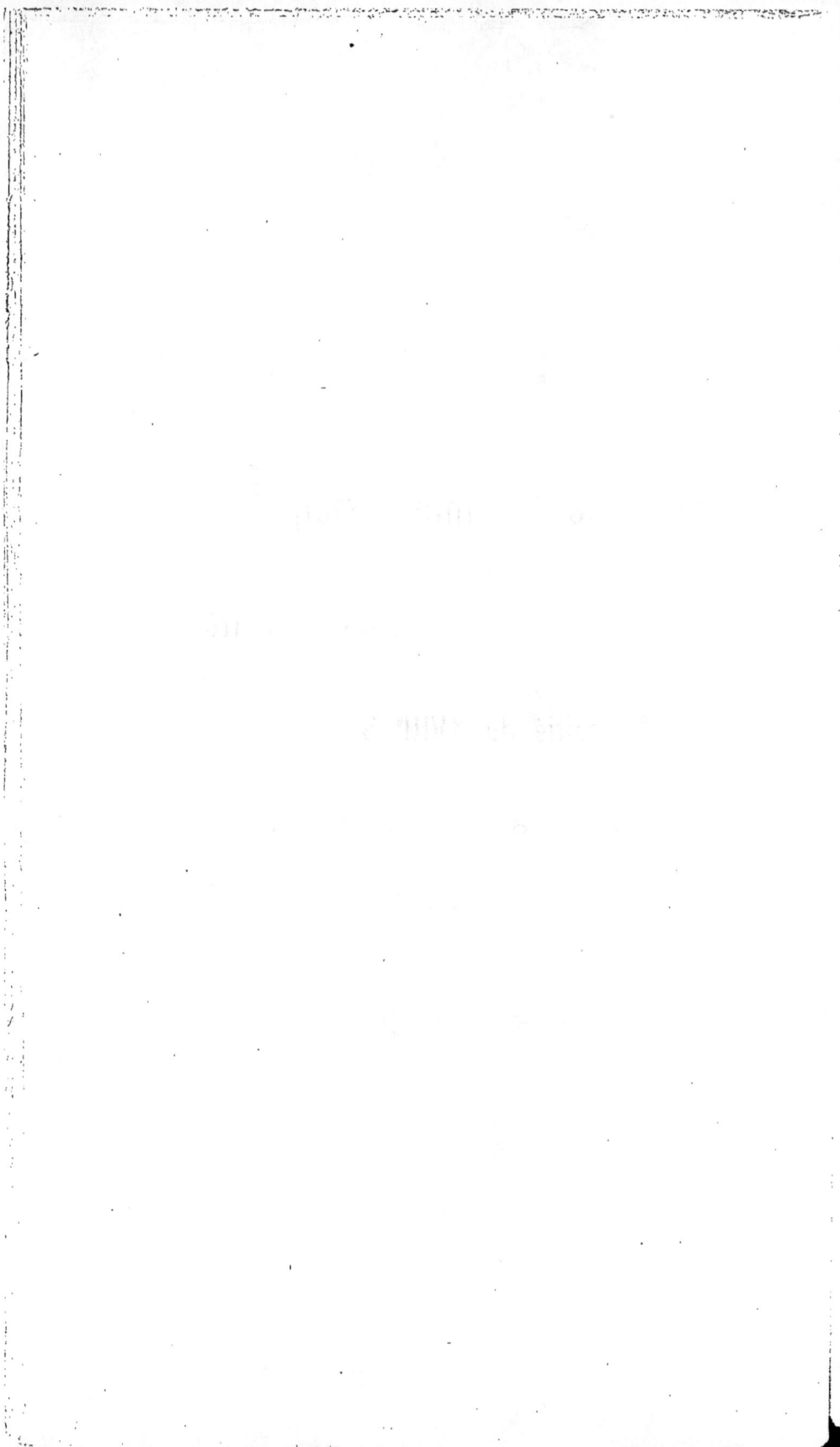

L'Industrie de l'Impression

des Toiles, à Lille

(2° moitié du XVIII° Siècle)

PAR

M. A. DE SAINT-LÉGER

En Orient, on coloriait au pinceau diverses sortes de
toiles. Elles étaient connues, pour cette raison, sous le
nom de *toiles peintes*. Elles faisaient partie, avec d'autres
étoffes de même provenance, de ce qu'on appelait les
Indiennes. On parvint, en Angleterre, à remplacer la
peinture à la main par l'impression à la planche ou au
rouleau : de là le nom de *toiles imprimées*.

Au milieu du XVII° siècle, les Indiennes jouissaient
d'une grande vogue en France. Pour protéger les manufactures d'étoffes nationales, Louis XIV interdit, en 1686,
l'importation et le commerce de ces tissus, même d'en
faire usage. Cette première défense fut renforcée par un
grand nombre d'arrêts, en 1697, en 1714, en 1716, en
1717, en 1724, en 1726.

On avait également interdit la fabricaton des toiles
peintes. « Toutes les tyrannies financière et commer-
çante étaient employées pour empêcher ce genre
d'industrie de s'établir et le peuple français de s'habiller

et de se meubler à bon marché. Les débitants et les fabricants de toutes les villes du royaume maintenaient la nécessité absolue de la prohibition pour défendre chacun leur commerce particulier. »

Cependant, au milieu du XVIII° siècle, les idées de liberté commerciale faisaient des progrès. L'intendant du commerce Vincent de Gournay chargea, en 1757, l'abbé Morellet de procéder à une enquête au sujet de la libre fabrication des toiles peintes en France. Le contrôleur général des Finances Silhouette fut convaincu par un mémoire de Morellet et fit paraître les lettres patentes du 5 Septembre et celles du 28 Octobre 1759. Elles autorisaient, moyennant le paiement d'un droit très fort, l'entrée en France des toiles venant de l'étranger et elles permettaient de fabriquer dans le royaume des toiles peintes et imprimées.

Aussitôt, des manufactures furent établies de différents côtés. A Rouen s'installèrent des ouvriers suisses. Près de Versailles, à Jouy, un allemand Christophe-Philippe Oberkampf réussit à merveille. Ce fut un Bohémien des environs de Prague, Jean-Baptiste Teply, qui introduisit cette industrie à Lille.

Il venait d'Arras, où, faute de capitaux, il avait dû abandonner l'entreprise qu'il avait fondée. En 1764, il demanda au Magistrat de Lille la permission de s'établir dans la banlieue, aux portes de la ville, et réclama de sa générosité la fourniture de quelques ustensiles indispensables pour commencer : cuves, chaudières, marmites, etc. L'administration communale et la chambre de commerce se montrèrent favorables, surtout lorsque Teply, mis à l'épreuve, eut effectué avec succès les essais qui lui étaient imposés. Toutefois, pour consolider cet établissement à Lille même, il fut entendu qu'il serait installé à l'intérieur des murs et qu'on demanderait le concours financier de négociants lillois.

Un gros commerçant, François Durot, passa un contrat avec Teply (Août 1765). Le Magistrat accorda aux associés 12.000 livres pour frais de premier établissement et 500 livres par an pour le loyer du local. Ils obtinrent encore une exemption de droits sur le vin, la bière, le genièvre, le charbon de terre et le charbon de bois.

Mais l'association ne fut pas de longue durée. Durot n'était entré dans la combinaison que pour permettre à son fils d'apprendre la technique de l'impression des toiles. A la fin de la première année, voyant que son fils était au courant, il invoqua une des clauses du contrat, portant qu'en cas de perte la société pourrait être dissoute. Non seulement il demanda la liquidation, mais, comme Teply lui devait plus de 6.000 livres, il fit saisir les meubles de son associé. Par sentence arbitrale, Durot resta en possession de la manufacture, moyennant une simple indemnité de 1.100 livres.

Le malheureux Teply ne se découragea pas. Il acheta la bourgeoisie (Janvier 1767) et essaya de fonder à Lille une autre manufacture pour l'impression des étoffes. Il ne réussit pas et, à partir de cette époque, on perd ses traces.

Ainsi, Durot resta seul. Sa fabrique prospéra : En 1768 il donnait du travail à 150 ouvriers ; il imprimait les pièces de coton, en gris de lin et bleu, en rouge et bleu, en rouge, en blanc, en bleu de deux nuances. En 1770, il obtint pour sa fabrique le titre de manufacture royale.

L'industrie fondée par Teply se développa rapidement à Lille. En 1778, il y avait deux manufactures; en 1786, trois. En 1789, elles occupaient 150 personnes. On y imprimait 30.000 pièces de toiles des Indes.

L'importance de cette industrie diminua considérablement pendant la Révolution et, en l'An IX, il n'y avait plus à Lille que 60 personnes employées, une partie de l'année, à fabriquer 11.500 pièces de toiles peintes.

Sur l'industrie lilloise des toiles peintes on trouvera des documents aux Archives de la ville de Lille, (*Affaires générales, cartons* 1198, 1201, 1208).

BATAILLE D'HONDSCHOOTE

PAR

Le Commandant LÉVl

———◄◄►———

CARTES D'ÉTAT-MAJOR NÉCESSAIRES :

Quarts Saint-Omer Nord-Est — Dunkerque Sud-Est

———◄◄►————

BATAILLE D'HONDSCHOOTE

JOURNÉES DES 6, 7 et 8 SEPTEMBRE 1793

PAR

LE COMMANDANT LÉVI

Membre de la Société Dunkerquoise

PREMIÈRE PARTIE

JOURNÉE DU 6 SEPTEMBRE

§ I. — Situation de l'Armée Française le 5 au soir

La concentration autour de Cassel des troupes venues du Camp de Gavrelle et de la Moselle ne se termina que le 6; on ne put donc emmener le 6 au matin que les troupes arrivées jusqu'au 5 inclus.

L'armée comprend les trois Divisions mixtes d'Hédouville, Jourdan et Landrin et une Réserve de Cavalerie.

La division d'Hédouville comprend trois brigades mixtes (Vandamme, Colaud, X) et trois batteries (1 légère, 2 de position).

La division Jourdan comprend un régiment de cavalerie légère, trois brigades d'infanterie (Demars, Mengaud, Y) et trois batteries (1 légère, 2 de position).

La division Landrin comprend deux brigades d'infanterie (Romanet, Z), deux régiments de cavalerie (1 de légère, 1 de grosse cavalerie) et une batterie légère.

La Réserve de cavalerie comprend trois régiments de grosse cavalerie et une batterie légère.

Il faut y ajouter la division Leclaire, organisée à Bergues, et qui comprend deux brigades mixtes.

Par contre, il n'y a pas lieu de faire entrer en ligne de compte la division Dumesny organisée à Bailleul avec deux batteries de position, et qui a une mission spéciale sur Ypres, qu'elle ne remplit pas du reste. Son chef ergote sur les instructions écrites qu'il a reçues, et refuse d'obéir aux instructions verbales qui lui sont apportées par le sous-chef d'Etat-Major *(enseignement 1)*.

Tant qu'à guillotiner, il eût été plus juste de guillotiner le général DUMESNY plutôt que ce pauvre et brave HOUCHARD. Quoiqu'il en soit, c'est un premier et gros détachement *(enseignement 2)*.

§ II. — Renseignements sur l'ennemi

Le Général HOUCHARD connaît à peu près exactement la force et la composition des deux corps ennemis.

Un petit corps d'armée de 15.000 hommes, dit de siège, sous les ordres directs du duc d'York, investit *Dunkerque* à l'Est, côté dangereux, alors comme aujourd'hui *(enseignement 3)*.

La ligne d'investissement part du *Pont de Steendam*, suit à peu près le *Chemin Vert* qui aboutit au canal de *Furnes*, près du pont du chemin de fer actuel, traverse *Rosendaël*, et suit ensuite à peu près le chemin actuel du *cimetière de Malo*, pour aboutir à une grande dune qui se trouvait là où est *Malo-Centre*. Il est à peine besoin de faire remarquer que les batteries de siège sont hors de portée pour l'époque.

Un autre petit corps d'armée, de 13.000 hommes, dit d'observation, sous les ordres du maréchal FREYTAG, est lui-même réparti en deux fractions dont l'une investit *Bergues* au Sud et à l'Est, et dont l'autre observe le rassemblement de *Cassel*, formant cordon à la manière autrichienne *(enseignement 4)*.

I. — *Devant Bergues*

A *Crochte*, le détachement HAMMERSTEIN (3 bataillons, 4 escadrons) gardant le secteur : *Grand-Millebrugghe, Steene, Hellehouck, Croix-Rouge*.

A *Blaeuw-Huys, S'Abshof, Warhem*, le détachement WANGENHEIM (2 bataillons, 2 escadrons), gardant le secteur *Croix-Rouge, Maison-Blanche, Bentiesmeulen*.

II. — *En observation*

1° LIGNE DE POSTES. — A *Poperinghe*, le détachement LINSINGEN (2 bataillons, 2 escadrons).

A *Watou*, le détachement A (2 compagnies de chasseurs, 1/2 escadron).

A *Houtkerque*, le détachement B (2 compagnies de chasseurs, 1/2 escadron).

A *Herzeele*, le détachement Pruschenk (4 compagnies de chasseurs, 1 escadron).

A *Wormhout*, le détachement Fabry (2 compagnies de chasseurs, 2 bataillons de ligne dont 1 d'émigrés et 6 escadrons).

A *Esquelbecq*, le détachement Diepenbroik (3 bataillons, 3 escadrons).

2° Position de repli. — A *Wylder*, le détachement C (3 bataillons, 1 escadron).

A *Bambecque*, le détachement Dachenhausen (1 bataillon, 1 escadron).

A *Kruystraete*, le détachement D (1 bataillon, 1 escadron).

A *Rousbrugge*, le détachement Thanhausen (1 bataillon, 1 escadron).

III. — *En liaison*

1° Avec l'armée d'observation de *Lille*, le détachement Salis (2 bataillons) à *Ypres*.

2° Avec le corps de siège de Dunkerque, le détachement Hugo (force et composition inconnues) à *Hondschoote*.

Nota. — Je n'ai pu retrouver la maison de Wylder, où se trouvait le quartier général.

§ III. — Ordre d'opérations

1° La brigade COLAUD rassemblée à *Steenvorde*, enlèvera les détachements de *Watou* et d'*Houtkerque*, se portera sur *Proven* et tournera ensuite à gauche pour enlever le détachement de *Rousbrugge*.

2° La brigade X rassemblée à *Steenvorde*, se portera directement sur *Poperinghe*, l'enlèvera, tournera ensuite à gauche sur *Proven* et suivra la brigade COLAUD.

3° La brigade VANDAMME, rassemblée à *Godewarsvelde*, enlèvera les postes de *Westoutre* et de *Reninghelst* détachés de Poperinghe, tournera ensuite à gauche sur *Poperinghe* et suivra la brigade X.

4° Le gros de la division JOURDAN, rassemblé entre le *Moulin Standart* et *Hardifort*, se portera, avec une batterie de position et suivi de la réserve de la cavalerie, sur *Houtkerque*.

Le général en chef et les représentants du peuple marcheront avec cette colonne.

5° La brigade MENGAUD, rassemblée à *Cassel*, se portera, avec une batterie de position, à l'attaque d'*Herzeele*.

6° La division LANDRIN, rassemblée à *Cassel*, se portera à l'attaque de *Wormhout*.

Désormais, pour délester mon récit, je ne parlerai plus de cette division, dont les opérations, menées suivant la grande route de Cassel à Dunkerque, ont été nulles. Chargé d'amuser l'ennemi, le général Landrin fut joué par lui *(enseignement 5)*.

La réflexion que j'ai faite, à propos du général Dumesny, peut s'appliquer à lui, à un degré un peu moindre, toutefois, car on ne peut lui reprocher que d'avoir *lambiné*.

Quoiqu'il en soit, c'est un deuxième gros détachement *(enseignement 6)*.

§ IV. — Etude des opérations

On se lève tôt à l'armée du Nord : dès 3 heures du matin, toutes les colonnes sont en marche *(enseignement 7)*.

Comme toujours, l'imprévu vient modifier les prévisions trop laborieusement accumulées du commandement *(enseignement 8)*.

1° La brigade X (avec laquelle marche le général d'Hedouville) enleva Poperinghe plus vite qu'on ne s'y attendait (parce que la garnison, apprenant la marche de la brigade Vandamme et craignant d'être coupée, se rejeta elle-même sur Ypres). Sans perdre de temps, cette brigade tourne à gauche sur Proven, se porte sur *Rousbrugge*, y passe l'Yser et vient bivouaquer à 9 heures du soir à *Oostcappel*.

2° La brigade Colaud ayant enlevé *Watou*, puis *Houtkerque*, arrive donc à Proven après la brigade X et la suit, au lieu de la précéder, sur *Rousbrugge* et *Oostcappel*.

En enlevant *Houtkerque*, elle a servi d'avant-garde au gros de la division Jourdan.

3° La brigade VANDAMME enlève *Westoutre*, puis *Reninghelst* va contourner à l'Est, *Poperinghe* enlevé par la brigade X, et vient bivouaquer à *Proven*.

4° Le gros de la division JOURDAN se porte sur *Houtkerque* enlevé par la brigade COLAUD, et se dispose à gagner *Oostcappel* lorsque cédant à l'avis de l'adjudant général ERNOUF, le général HOUCHARD le dirige sur Her-t zeele, où la brigade MENGAUD est maintenue en respec par le détachement PRUSCHENK *(enseignement 9)*.

La division reconstituée va livrer maintenant les combats d'Herzeele, de Bambecque et de Rexpoëde.

COMBAT D'HERZEELE

Le colonel PRUSCHENK a, en effet, tenu en échec la brigade MENGAUD et a même pris l'offensive. Il est arrivé avec ses chasseurs hessois jusque dans le *bois de Win-nezeele* et a pris un canon *(enseignement 10)*.

C'est à ce moment qu'arrive le gros de la division JOURDAN venant d'Houtkerque.

Pour ne pas être coupé, le colonel PRUSCHENK est obligé de donner le signal de la retraite.

Tandis que les chasseurs autrichiens sont envoyés à la rencontre de la colonne venant d'Houtkerque, les chasseurs hessois se retirent lentement et toujours en combattant, du *bois de Winnezeele*, jusqu'à la *hauteur des Moulins à vent en avant d'Herzeele (enseignement 11)*.

Les Français renouvellent bientôt leurs attaques.

Les chasseurs hessois défendent la *lisière sud d'Herzeele* jusqu'au soir, et se retirent ensuite, sans pertes, le long du haut talus qui conduit sur *Bambecque*.

Les chasseurs autrichiens sont poussés hors du chemin vers le terrain boisé en amont, et perdent beaucoup d'hommes et une pièce de canon.

La cavalerie se voit forcée, au prix de grandes pertes, de se frayer un passage vers le *pont de Bambecque*.

Le détachement est recueilli à Bambecque par le détachement DACHENHAUSEN.

« L'attaque d'Herzeele fut vive, dit simplement le général HOUCHARD, une charge à la baïonnette décida . »

COMBAT DE BAMBECQUE

« Profitant de la belle disposition où se trouvaient les troupes, je me disposai à suivre les ennemis. » *(enseignement 12)*.

Le pont de pierre était couvert par une bonne flèche, enveloppée d'abatis et armée de trois pièces de 3. Il était flanqué à l'autre rive par deux batteries de petit calibre établies sur les flancs de la colline. Le terrain se prête d'ailleurs à merveille tant à la défense avancée qu'au flanquement arrière *(enseignement 13)*.

Nous fîmes vivement replier les avant-postes *(enseignement 14)*.

L'attaque commença par une canonnade très vive. Suivant sa tactique, JOURDAN fit bientôt avancer deux pièces de 8 qui canonnèrent la tête de pont à distance rapprochée *(enseignement 15)*.

Mais à ce moment, une grosse pluie d'orage survint qui dura deux heures *(enseignement 16)*.

« D'après les avis, dit le général HOUCHARD, je me « décidai à enlever ce poste à la baïonnette. Les troupes « passeront l'Yser, partie sur le pont, partie par des « gués *(enseignement 17)*.

« En effet, aussitôt que la pluie a cessé de tomber par « torrents, un bataillon du 36ᵉ de ligne passe le *gué en* « *amont* et tombe sur le flanc droit tandis que la charge « est battue sur le pont *(enseignement 18)*.

« Les ennemis *étonnés* reculent en désordre jusqu'à « *Rexpoëde (enseignement 19)*.

« Il était 6 heures du soir quand nous entrions à « Bambecque.

« Là nous apprîmes que le général D'HÉDOUVILLE « arrivait à Oostcappel. » *(enseignement 20)*.

RÉCITS HESSOIS ET HANOVRIENS

Les détachements PRUSCHENK et DACHENHAUSEN tiennent *Bambecque* jusqu'au soir, résultat auquel contribue essentiellement la compagnie hanovrienne qui défend le pont de l'Yser.

Il en est de même à *Kruystraete*.

Mais le soir, sous la pression des colonnes françaises, le détachement de Kruystraete, puis celui de Bambecque se retirent sur Rexpoëde.

COMBAT DE REXPOEDE

« A 5 heures 1/2, dit le général HOUCHARD, la pluie « continuant à force, les chemins affreux, les soldats « fatigués, je voulus rester à Bambecque, on me dit qu'il « fallait pousser.....

« J'observai qu'il était dangereux d'arriver à Rexpoëde « à la nuit, placés entre deux camps ennemis (Wylder et « Hondschoote) ; on ne s'est pas rendu à ces considéra-« tions *(enseignement 21).*

« Il fut décidé de marcher sur Rexpoëde.

« Les ennemis n'y firent aucune résistance.

« Les soldats se débandèrent dans les maisons pour
« s'abriter et manger *(enseignement 22)*.

« Je fus avec le général ERXOUF faire les dispositions
« pour la nuit (3 bataillons de JOURDAN et 1 régiment de
« cavalerie), et je me rendis à la *maison (du potier)* où se
« trouvaient les représentants du peuple auxquels je fis
« part de mes inquiétudes. »

Cette maison appartenant à M. VANDAELE existe
encore, elle se trouve à la bifurcation de la route de
Bergues (grande rue de Rexpoëde) et du chemin de
Rexpoëde à West-Cappel.

Elle mériterait d'être photographiée.

« Dès les 10 heures, l'ennemi venant *par la gauche* et
« sur *le devant* du village, du côté de Killem, attaqua
« brusquement tous les postes. [Il ne semble pas qu'il en
« ait rencontré beaucoup].

« La terreur s'empara de beaucoup de troupes. Le
« général HOUCHARD, les représentants du peuple et tout
« l'état-major manquèrent d'être faits prisonniers.

« Malgré cela, il fut remédié à ce premier désordre.

« Je fis porter en avant deux pièces de 8 d'une batterie
« d'artillerie légère, je fis battre la charge, je portai une
« partie des troupes à l'appui des ponts attaqués, je mis
« le reste en bataille derrière le village et je fis prévenir
« le général D'HEDOUVILLE. Les deux officiers d'ordon-
« nance furent faits prisonniers *(enseignement 23)*.

« Vers une heure, l'ennemi se retira, je fis chercher
« par deux compagnies de grenadiers, les deux pièces de

« 8 démontées à la tête du village, ce qu'elles firent sous
« le feu.

« Je fis alors porter tous les caissons et canons der-
« rière le village.

« Vers 3 heures, nouvelle attaque, l'ennemi perce
« dans le village et met les troupes en déroute *(enseigne-*
« *ment 24)*.

« La retraite se fit sur Bambecque, l'ennemi ne pour-
« suit pas, à mon grand étonnement. » *(enseignement 25)*.

RÉCITS ALLEMANDS

Vers le soir, les nouvelles qui lui arrivent, détermi-
nent le maréchal FREYTAG à *Wylder*, à la retraite générale
sur *Hondschoote*. Les détachements de gauche s'y sont
déjà retirés, l'ordre est envoyé à ceux de droite.

Quant à lui, il attend la nuit pour s'y diriger avec les
troupes sous sa main, par Rexpoëde, qu'il ne sait pas aux
mains des Français *(enseignement 26*.

A 11 heures du soir, le mouvement commence, en
deux colonnes :

1re *colonne* (1 bataillon, artillerie, cavalerie) chemin
direct *Wylder*, *Rexpoëde*.

2e *colonne* (infanterie par *Westcappel*.

Le maréchal part en tête de la 1re colonne avec le prince Adolphe (plus tard duc de Cambridge), et une petite escorte, et charge le général WALMODEN de rester jusqu'à l'entier écoulement de la colonne. Celui-ci prend aussitôt des dispositions d'arrière-garde au *pont de Wylder (enseignement 27)*.

Ici survient un de ces incidents qui se produisent fatalement chaque fois qu'un chef n'est pas à sa place *(enseignement 28)*.

En arrivant à Rexpoëde, la brillante tête de colonne est brusquement chargée par un piquet de cavalerie française ; le maréchal et le prince sont blessés et faits prisonniers, le premier est amené à Rexpoëde, le second est délivré par le bataillon qui marche en tête.

Mais ensuite ce bataillon est accueilli par un feu si violent qu'il se replie. Tout se rejette en arrière.

A ce moment, le général WALMODEN arrive, reconnaît l'impossibilité de percer, avec le peu d'infanterie de la 1re colonne et prend rapidement une résolution *(enseignement 29)*.

Il laisse là la 1re colonne, rejoint la 2e, lui fait gagner la *route de Bergues* et la ramène sur *Rexpoëde* par cette route.

Arrivé à portée, il donne l'ordre d'attaquer.

Le général VON BUSCHE prend ses dispositions à cet effet : à quelque distance de Rexpoëde, il fait arrêter, fait charger les canons et les fait braquer sur le cimetière où, autour d'un grand feu, se discerne un bataillon français, harangue ses grenadiers et les fait marcher à la baïonnette.

Les Français qui font face à la 1re colonne qui attend toujours à l'entrée sud du village, se voyant pris par derrière, se sauvent vers *Oostcappel;* le passage est ainsi ouvert à la 1re colonne et le maréchal est délivré.

Le général WALMODEN fait sonner le départ et se dirige sur *Hondschoote,* emmenant le maréchal blessé et endolori sur un caisson.

Toutes les troupes de l'aile droite et devant Bergues se portent également sur *Hondschoote.*

C'est une fraction égarée de ces troupes qui provoqua dans Rexpoëde, à une heure avancée de la nuit, la nouvelle et définitive échauffourée dont parle le général Houchard et qu'on a si souvent confondue avec la première.

En résumé, la situation est la suivante :

Brigade VANDAMME : *Proven.*

Gros D'HEDOUVILLE : *Oostcappel.*

Division JOURDAN : *Herzeele.*

Corps WALMODEN : *Hondschoote.*

DEUXIÈME PARTIE

JOURNÉE DU 7 SEPTEMBRE

Le général en chef continue à commander la division JOURDAN *(enseignement 30)*.

Il est à peu près sans communication avec les autres et ne cherche pas à en avoir *(enseignement 31)*.

1° Division d'Hedouville

La division D'HEDOUVILLE, maintenant complète, se porte sur *Rexpoëde*, d'où elle chasse les troupes de l'aile droite ennemie faiblement poursuivies par le général LECLAIRE. Vers 4 heures, la brigade VANDAMME, seule, attaque l'arrière-garde ennemie à *Killem*. Celle-ci, pour se dégager, charge à la baïonnette, et enlève même trois canons (VANDAMME ne s'en vante pas).

Il dit ensuite qu'il a attaqué *Hondschoote;* c'est fort possible, mais ce qu'il y a de certain, c'est qu'il fut repoussé.

2° Division Jourdan

Il faut toute la journée pour la rassembler à *Herzeele*, la ravitailler en munitions et en vivres, et lui faire reprendre enfin une position militaire, comme on disait alors.

Au soir, la situation est la suivante :

Brigade Colaud : *Rousbrugge.*

Division Jourdan : *Herzeele.*

Brigade X (et général d'Hedouville) *Rexpoëde.*

Brigade Vandamme : *Killem.*

Division Leclaire : entre la Maison Blanche et *Benties-meulen.*

L'armée d'observation occupe la position d'Honds-choote, c'est-à-dire le front :

Pont de la Croix, Hondschoote, Leyseele.

TROISIÈME PARTIE

JOURNÉE DU 8 SEPTEMBRE

§ I. — Forces engagées

A. FRANÇAIS. — Brigade Colaud : *Rousbrugge.*

Division Jourdan et réserve de cavalerie : *Herzeele.*

Brigade Vandamme : *Killem.*

Division Leclaire : *Maison Blanche, Bentiesmeulen.*

La division Jourdan a une batterie légère et une division de position (en tout 16 pièces).

La réserve de cavalerie qui marche avec elle a une batterie légère (6 pièces).

Soit une quarantaine de bataillons à 450 hommes et une vingtaine d'escadrons à 120 chevaux.

Un certain nombre de bataillons n'ont pas leurs deux pièces de 4.

En tout 21.600 hommes dont 18.000 environ d'infanterie et environ 90 pièces.

[Voir ci-après la composition détaillée de l'armée française].

B. ALLIÉS. — Le petit corps d'armée du général Walmoden, concentré autour d'*Hondschoote*, comprend :

Avant-garde légère autrichienne Fabry	3 E, 2 B, 4 P
Brigade hessoise (détachée du siège) Cochenhausen	5 E, 2 B, 4 P
Division hanovrienne Busche (brigades Diepenbroik et Harmerstein).	16 E, 15 B, 30 P
Réserve de cavalerie hanovrienne Biela	10 E »
Réserve d'artillerie de position hanovrienne	» » 38 P
	34 E, 19 B, 76 P

Les escadrons sont à 100 chevaux, les bataillons à 500 hommes, chaque bataillon a deux pièces de 3.

En tout 13.000 hommes, dont 9.000 d'infanterie et 76 pièces.

Il serait intéressant de connaître exactement la composition des troupes françaises, mais on n'est absolument sûr que des unités suivantes :

1° *Division d'Hedouville*

Brigade Vandamme : 2ᵉ hussards.

14ᵉ bataillon d'infanterie légère.

Bataillon du Mont Cassel.

Demi-brigade du 1ᵉʳ (2ᵉ bataillon du 1ᵉʳ de ligne, 8ᵉ et 9ᵉ des fédérés).

Demi-brigade du 22ᵉ (2ᵉ du 22ᵉ de ligne, 1ᵉʳ et 2ᵉ d'Ille-et-Vilaine).

En outre, le jour de la bataille, VANDAMME aurait reçu :

Un bataillon de ligne (?)

Un bataillon de volontaires (4ᵉ du Var).

Le 7ᵉ régiment de cavalerie.

Son effectif atteint alors 4.300 hommes.

Brigade Colaud : Un régiment de hussards (probablement davantage).

2ᵉ du 56ᵉ.

7ᵉ du Doubs.

1ᵉʳ du 89ᵉ.

1ᵉʳ du 49ᵉ.

1ᵉʳ du 25ᵉ.

4ᵉ de la Sarthe.

5ᵉ de Paris (douteux).

Brigade X (pour mémoire, absente).

Artillerie : 12ᵉ compagnie d'artillerie légère (?)

Une division de 10 pièces de position (?)

2° Division Jourdan

Brigade Demars, dite du 67ᵉ.

　1ʳᵉ demi-brigade : 1ᵉʳ du 67ᵉ de ligne, 2ᵉ des Vosges, 4ᵉ de la Gironde.

　2ᵉ demi-brigade : 2ᵉ du 67ᵉ de ligne, 8ᵉ de Seine-et-Oise, 7ᵉ du Jura (Lecourbe).

Brigade Mengaud, dite du 36ᵉ :

　1ʳᵉ demi-brigade : 1ᵉʳ du 36ᵉ de ligne, 11ᵉ des Vosges, 6ᵉ du Jura.

　2ᵉ demi-brigade : 2ᵉ du 36ᵉ de ligne, 6ᵉ du Haut-Rhin, 2ᵉ de la Gironde.

Brigade Y, approximativement connue :

　9ᵉ de Paris (Vicilleville).

　9ᵉ de la Seine-Inférieure.

Cavalerie :

> Un régiment de hussards (probablement).
>
> 6ᵉ régiment de cavalerie (sûr).

Artillerie :

> 14ᵉ compagnie d'artillerie légère (Drouot).
>
> Une division de 10 pièces de position.

Réserve de Cavalerie

17ᵉ, 20ᵉ et 23ᵉ régiments de cavalerie.

1ʳᵉ compagnie d'artillerie légère.

3ᵒ Division Leclaire

150 chasseurs du 5ᵉ.

15ᵉ d'infanterie légère.

3ᵉ bataillon belge (Lahure).

9ᵉ du Pas-de-Calais.

1ᵉʳ du 14ᵉ.

8ᵉ des réserves.

4ᵉ de Lille.

1ᵉʳ du Finistère.

32ᵉ division de gendarmerie.

1ᵉʳ de l'Orne (Bonnet).

2ᵉ du 24ᵉ (Péraud).

1er du Calvados (Préval).

17e des fédérés.

4e de Bergues (Lemaire).

5e de la Somme.

Nota. — Le 2e de la Corrèze, le 1er du Nord (Mortier) et le 6e de Paris, ont pris part à la bataille.

Le 10e de Paris, probablement.

Le 1er du 83e, qui semble par ailleurs, faire partie de la division DUMESNY, paraît être passé à la division D'HE-DOUVILLE.

§ II. — Ordres donnés

A. FRANÇAIS. — Les représentants du peuple obligent le général HOUCHARD à attaquer *(enseignement 32)*.

En conséquence, il donne, le 7, à 6 heures du soir, les ordres ci-après :

1° Brigade COLAUD : se portera de Rousbrugge sur Hondschoote avec mission de reconnaître la position *(enseignement 33)*.

2° Division JOURDAN : se portera de Bambecque sur Hondschoote par la chaussée.

3° Brigade VANDAMME : se portera de Killem sur la gauche d'Hondschoote, pour donner la main à :

4° Brigade LECLAIRE : qui se portera des positions qu'elle occupe aux abords de Bergues, le long du canal, sur Hondschoote.

5° Quant à la brigade X de la division D'HEDOUVILLE, qui est à Rexpoëde, elle est envoyée vers Bergues, c'est vraiment le jeu des petits détachements *(enseignement 43)*.

En résumé, on devait (et on aurait dû) attaquer l'aile gauche ; toute l'erreur roule sur ce qu'on a attaqué le centre gauche *(enseignement 35)*.

B. ALLIÉS. — Le duc d'York envoie, de Leffrinc-koucke, au général WALMODEN, l'ordre d'accepter la bataille ; il le renforce d'une brigade hessoise, comme on l'a vu *(enseignement 36)*.

Le général WALMODEN établit ses forces sur le front : *Pont de la Croix, Hondschoote, Leyseele,* retranchées sur une ligne unique, sans avant-postes ni postes avancés d'aucune sorte ; ce qui peut être une tactique si l'on a d'excellentes vigies *(enseignement 37)*.

La brigade DIEPENBROIK (7 bataillons) occupera la droite.

La brigade COCHENHAUSEN (6 bataillons, 20 pièces de position) occupera le centre.

La brigade HAMMERSTEIN (4 bataillons, 2 pièces de position) occupera la gauche.

La réserve (2 bataillons, 16 pièces de position, 24 escadrons) sera répartie.

La ligne de retraite, en raison de la configuration du terrain en arrière de la position, se trouvait pour une partie de l'aile gauche, presque dans le prolongement de celle-ci (Ditfurth).

§ III. — Reconnaissance du champ de bataille

I. — *Choix de la position*

1° La position s'appuyait à droite au canal de la Basse Colme, et à gauche aux jardins Sud du village belge de Leyseele ; elle ressort très nettement sur le terrain.

La ville d'Hondschoote située en arrière du centre de la position et presqu'entièrement démantelée, n'était pas, par elle-même, en état de résister ; il y avait toutefois des restes d'anciens retranchements, voire même des vestiges d'anciennes portes ; (ce dernier point est contesté).

Le plan séculaire de Sanderus rend fort bien l'aspect général de la vieille ville drapière assise sur une légère éminence dominant le terrain entre la dépression de la Colme et l'ancienne chaussée gauloise, dite *Looweg* (allant de *Looberghe* à *Loo*).

La carte ne rend pas bien la physionomie du *port d'Hondschoote* (c'est un point à voir sur le terrain).

La lisière Sud (ou plutôt Sud-Sud-Est) *d'Hondschoote*, maisons du côté Sud de la rue des Arbres (la plus au Sud des deux rues parallèles Est-Ouest), était alors formée par les murs des jardins des trois couvents des *Trinitaires*, des *Récollets* et des *Sœurs grises* qui ont disparu depuis.

Une bèque assez profonde partant du port d'Hondschoote longeait à l'Est le couvent des Trinitaires et gagnait le Loweg, à l'endroit que certaines cartes appellent la Trinité ; elle délimitait nettement à l'Est le centre de la position. Trois moulins, aujourd'hui détruits, ont joué un rôle dans la bataille :

Le premier, dont on voit encore la butte, se trouvait près et à gauche du chemin des Anguilles, dans l'angle de ce chemin et du chemin de Bergues ;

Le deuxième, le *fameux moulin*, se trouvait à l'Est du chemin des cinq chemins, dans l'angle de ce chemin et de la rue des Arbres ; il formait la charnière entre la lisière Ouest et la lisière Sud, et servait d'observatoire et de poste de signaux ;

Le troisième se trouvait à 300 mètres à l'Est de l'abreuvoir actuel, c'était le moulin Ronckier.

2° La position prise autour d'Hondschoote était en elle-même très favorable à la défense.

3° A la gauche et au centre, le terrain monte en pente douce jusqu'à Hondschoote ; à la droite, c'est une plaine basse.

4° *A la gauche*, l'ennemi était tellement couvert par des haies, des fossés et des bois qu'on ne pouvait guère espérer pénétrer par un point (Gay Vernon).

Ce pays est abominable pour faire la guerre ; il est coupé de haies, de bois et de fossés. On ne voit pas à quatre pas devant soi ; on ne se bat pas, on se poignarde. Tout l'avantage dans ce pays est pour celui qui attend (Berthelmy).

Au centre, le terrain en avant du front était coupé d'une quantité innombrable de fossés et de haies, parsemé de nombreuses fermes isolées, et accessibles

seulement par un unique débouché, la chaussée pavée
dite de Killem (Ditfurth).

Etant donné le mécanisme de combat en usage chez
les Alliés, ajoute Ditfurth, le terrain coupé leur était
d'autant plus désavantageux qu'il rendait absolument
impossible l'emploi de leur principale force, la cavalerie,
alors qu'il répondait fort bien à la manière de combattre
des Français *(enseignement 38)*.

A la droite, la plaine du côté des Moëres et du canal
était entièrement inondée ; il fallait donc, pour attaquer
de ce côté, traverser un terrain d'une demi-lieue avec de
l'eau jusqu'à la ceinture (Levasseur).

Cela dit, il est très important de remarquer que
toutes les descriptions, sauf celle du général BERTHELMY
qui, seul, est allé à l'aile gauche ennemie, s'appliquent
au centre de la position, et que quand il est question de
la gauche, c'est de la gauche du centre, autrement dit du
centre gauche, que les auteurs ont voulu parler *(enseignement 39)*.

II. — *Mise en état de défense*

1° L'aile droite, le long du petit canal n'avait pas
besoin de travaux.

2° Je passe maintenant au centre, constitué par l'ag-
glomération d'Hondschoote.

La droite (du centre) s'appuyait au port d'Hondschoote, en avant duquel on avait construit, derrière une
flaque d'eau, une *redoute avancée*, armée de deux canons
de position.

Cette redoute se trouvait sur la butte du moulin entre le chemin des Anguilles et le chemin de Bergues ; elle balayait, dit Levasseur, toute la route de Warhem.

Au centre (du centre) on avait creusé de larges coupures et élevé en travers de la route un épaulement et une batterie de douze pièces de position (8 canons et 4 obusiers) qui balayait la clairière où se croisent les chemins venant de Bergues, de Killem et d'Oostcappel.

Il est à remarquer que, du côté de l'attaque, où l'on a pourtant bien vu, tous les documents évaluent à onze pièces la force de la grande batterie hanovrienne.

L'épaulement se trouvait dans la gare actuelle d'Hondschoote ; la grande batterie se trouvait au *fameux moulin*.

Derrière et auprès de la batterie du centre, dit Gay Vernon, l'ennemi avait négligé d'abattre quelques maisons (il dit par ailleurs : une maison) *renseignement 40*).

A droite et à gauche de la route, il y avait des bois accessibles, des haies et des fossés Gay Vernon).

Une faute, c'est d'avoir coupé et élagué toutes les haies devant leurs retranchements à environ 100 toises (Houchard).

A gauche (du centre) se trouvait une batterie armée de six pièces de position.

Cette batterie se trouvait probablement au moulin Ronckier.

Partout, les points accessibles étaient fraisés d'abatis, barricadés ou défendus par des ouvrages en terre (Gay Vernon).

Des retranchements creusés dans les pâturages reliaient entre eux les divers points d'appui (traditions locales).

3° Sur son aile gauche, la défense se sentait de même difficilement abordable.

4° Contrairement à ce que pensait le général Hou-CHARD, il n'y avait pas de réduit.

Le Château, à l'extrémité de la rue de Furnes, à un quart de lieue de la frontière, avait servi de *quartier général* aux alliés.

Ce château, bâti à la moderne, qui était une simple maison seigneuriale, était habité par trois sœurs, dont les maris étaient occupés à défendre les remparts gazonnés de Dunkerque ; aucun retranchement n'avait été élevé autour de cette maison de plaisance qui était un simple carré sans fortifications naturelles (Levasseur).

III. — *Détail de la répartition des forces*

1° *Aile droite,* en arrière du canal d'Hondschoote, la droite au pont de la Croix, la gauche au port d'Hondschoote.

Général DIEPENBROIK, 7 bataillons avec leurs 14 pièces.

2° *Centre,* en avant d'Hondschoote, général COCHEN-HAUSEN, 6 bataillons avec leurs 12 pièces et 20 pièces de position, formant 3 secteurs.

a) Secteur de droite, entre le canal d'Hondschoote et le chemin de Warhem, face à la plaine de Warhem, ayant derrière lui la petite redoute de 2 pièces de position.

Un 1/2 bataillon avec ses 2 pièces, et 2 pièces de position.

b) Secteur du centre, entre le chemin de Warhem et la bèque *de la Trinité*, face aux six chemins et aux cinq chemins, ayant derrière lui la grande redoute de 12 pièces de position.

3 bataillons 1/2 avec leurs 6 pièces et 12 pièces de position.

c) Secteur de gauche, entre la bèque de la Trinité et l'Etoile, ayant derrière lui la redoute moyenne de 6 pièces de position.

1 bataillon 1/2 avec ses 4 pièces et 6 pièces de position.

3° *Aile gauche,* entre l'Etoile et les jardins de Leyseele, parallèlement au Looweg, général HAMMERSTEIN, 4 bataillons avec leurs 8 pièces, et 2 pièces de position.

4° *Réserve,* en trois groupes : *aux 3 Rois,* à *la Chapelle de Straband* et *en arrière de Leyseele,* 2 bataillons avec leurs 4 pièces, 16 pièces de position, et 24 escadrons.

5° *Services* (munitions, ambulance, bagages).

a) Les munitions de complément arrivent de Furnes le 8 au matin, au moment même où le combat commence.

b) L'ambulance se trouve à la boulangerie Monstreul,

dite du Tilleul, sur la grande place, à l'entrée de la rue des Pénitentes.

c) Les bagages ont été renvoyés le 7 au soir à Furnes.

§ IV. — Préliminaires

A. FRANÇAIS. — Comme l'avant-veille, dès 3 heures du matin, les colonnes se mettent en marche *(enseignement 41)*.

1° La brigade COLAUD gagne d'abord *Beveren*, puis se dirige sur Hondschoote en longeant la frontière, mais elle se laisse attirer et retarder, du côté de Leyseele, par l'apparition de la cavalerie ennemie qui, elle, remplit son rôle *(enseignement 42)*.

D'après la tradition, il y eut un violent combat au moulin Moncarey à Beveren, où il y aurait beaucoup de morts enterrés ; je n'ai pas encore pu vérifier le fait.

2° La division JOURDAN arrive à 7 heures du matin aux 5 *chemins (et non aux 6 chemins) ;* le général en chef marche avec cette colonne.

3° La brigade VANDAMME s'étend à gauche de Killem jusque vers les *Moëres* et débouche en vue d'Hondschoote, à gauche de la division JOURDAN.

4° La brigade LECLAIRE attend le signal du canon pour se diriger sur Hondschoote, le long du canal.

B. ALLIÉS. — A l'approche des Français, les troupes du général WALMODEN occupent leurs positions ; quelque peu démoralisées, quoique braves et aguerries, elles s'exagèrent le nombre des assaillants qu'elles voient

« nombreux comme les épis », alors qu'elles n'ont guère devant elles, à ce moment là, que 14 000 hommes environ.

§ V. — Orientation (de 7 à 9)

A. FRANÇAIS. — A 7 heures, la colonne du centre arrivée aux 5 *chemins* s'arrête pour ne pas s'engager avant l'arrivée de la brigade COLAUD.

De plus, on craint un piège, on se demande pourquoi on ne voit rien *(enseignement 43)*.

Le sous-chef d'état-major, puis le général en chef lui-même, étonnés, vont successivement reconnaître les retranchements ennemis *(enseignement 44)*.

Le chef d'état-major va chercher la brigade COLAUD *(enseignement 45)*.

En résumé, les colonnes se forment à 1.200 mètres d'Hondschoote ; comme elles sont peu manœuvrières et qu'on attend la brigade COLAUD, il est 9 heures quand elles sont prêtes.

Le général en chef donne ses ordres définitifs :

1° Le général COLAUD attaquera à droite (centre gauche).

2° Le général JOURDAN attaquera au centre (centre).

3° Le général VANDAMME attaquera à gauche (centre droit).

En résumé, c'est 18.000 hommes environ qui vont attaquer directement Hondschoote.

Quel déchet quand on pense à l'effort si laborieusement fourni par le Comité de salut public ! *(enseignement 46)*.

C'est de plus la suppression de toute idée de manœuvre sur notre droite, la manœuvre viendra de la gauche
(enseignement 47).

B. ALLIÉS. — A 8 heures du matin l'état-major du
général Walmoden compta 20 bataillons français qui
arrivaient sur le front de la position.

En même temps, une colonne était annoncée se dirigeant contre l'aile droite, le long de la rive Sud du canal
de la Basse-Colme.

§ VI. — Préparation de 9 heures à midi)

A. FRANÇAIS. — Le général COLAUD envoie sa cavalerie sur la droite vers *Leyseele* et avec son infanterie,
engage le combat *à droite* (centre gauche ennemi).

Le général JOURDAN arrive au centre jusqu'à 200 mètres
des retranchements.

Le général VANDAMME attaque *à gauche* (centre droit
ennemi).

Le général JOURDAN, suivant le procédé qui lui est
familier, fait passer en tête de sa colonne sa batterie de
10 pièces de position qui canonne la grande batterie
hanovrienne *(enseignement 48)*.

La position de notre artillerie n'était pas avanta-
geuse.

Elle était, en effet, tout entière en contrebas, ce qu'on n'aimait pas à cette époque *(enseignement 49)*.

Il y avait un déploiement d'artillerie *à la Chapelle Saint Donat* (à voir sur place). Mais la batterie qui produit des effets destructeurs se trouvait au coin de la haie actuelle, au nord *des 5 chemins*, encore plus en contrebas.

Les grands effets qu'elle produit sont dus à ce qu'elle fait sauter des pièces de bois du moulin et de la maison du meunier *(enseignement 50)*.

Le résultat obtenu, l'infanterie se porte à l'attaque, elle est repoussée par le général COCHENHAUSEN qu s'avance bravement avec ses Hessois en avant de ses retranchements, mais ce général est blessé mortellement, ses troupes cèdent et se retirent derrière les retranchements.

Le général JOURDAN veut en profiter pour enlever la grande batterie à la baïonnette, mais il est blessé ainsi que le général MENGAUD et le général COLAUD.

Nos jeunes troupes reculent.

Le général HOUCHARD s'avance à la tête du 17e de cavalerie, superbe régiment ; 4 bataillons se reforment derrière la batterie de 10 pièces.

Les brigades COLAUD et VANDAMME sont arrêtées.

B. ALLIÉS. — Les Français s'approchent tout près avec de nombreux *paquets* de tirailleurs, en se servant admirablement du terrain, contre les bataillons des Alliés déployés en longues lignes faisant uniquement des salves de pelotons et ne s'occupant pas du terrain *(enseignement 51)*.

Le général Cochenhausen reçoit l'ordre de les rejeter.

Il y réussit admirablement jusqu'à ce que ses formations rigides soient arrêtées par un *fossé* et une *haie*, à hauteur de la batterie de 10 pièces.

Arrêtées par les feux des tirailleurs, chargées en flanc par la cavalerie, elles reculent dans les *jardins d'Hondschoote.*

Le général Cochenhausen a les deux jambes brisées d'un coup de mitraille.

Une 2e contre-attaque réussit encore partiellement, mais finalement les Alliés sont rejetés.

Pendant *quatre longues heures,* les bataillons tiennent bon, mais les munitions commencent à manquer *(enseignement 52).*

§ VII. — Décision (de midi à 2 heures)

A. FRANÇAIS. — Au moment où le feu des Alliés commence à se ralentir, on entend le feu du général Leclaire.

Le général Leclaire débouche sur la redoute en avant du pont d'Hondschoote, ayant en tête les Gendarmes de *Paris* (anciennes gardes françaises).

Ce que voyant, les troupes du général Vandamme, ayant en tête les Chasseurs du Mont-Cassel, reprennent courage.

La redoute est enlevée par les Gendarmes de *Paris*.

Cela fait, la grande batterie est attaquée : *à gauche,*
par les Gendarmes de *Paris* et le 24ᵉ de ligne ; *au centre,*
par les grenadiers nationaux du Pas-de-Calais et le 1ᵉʳ de
ligne ; *à droite,* par le 36ᵉ de ligne.

Le tableau de l'hôtel de ville d'Hondschoote représente le mouvement du bataillon du 1ᵉʳ de ligne (Picardie),
qui essayait alors un casque, ce qui fait que, dans le
pays, on croit encore que c'était des dragons à pied, « des
dragons blancs » me disait une bonne vieille.

Le tableau du Musée de *Lille* forme, pour ainsi dire,
le prolongement du précédent. Je crois qu'il y a, du
reste, une petite erreur dans ce dernier tableau, d'ailleurs
très exact comme topographie et comme ensemble : il n'y
avait pas, que je sache, de cuirassiers à Hondschoote ; le
seul régiment de cavalerie, alors cuirassé (le 8ᵉ) était à la
division LANDRIN.

B. ALLIÉS. — La colonne LECLAIRE fut annoncée et
retardée par la cavalerie hanovrienne *(enseignement 53).*

Craignant en même temps pour son aile gauche où la
cavalerie de COLAUD se montrait menaçante, le général
WALMODEN ordonne la retraite. D'après la tradition, il y
eut un combat de cavalerie entre l'Etoile et la Clachoire.

Les anciennes portes de la ville furent vaillamment
défendues. (Voir la réserve faite à ce sujet dans la Reconnaissance).

Il y eut aussi un violent combat et même une charge
de cavalerie (5ᵉ chasseurs à cheval) sur la *place même.*

§ VIII. — Achèvement (de 2 heures à la nuit)

a. FRANÇAIS. — Poursuite et remise en ordre

Le général HOUCHARD hésite. On le presse de piquer droit sur *Ghyvelde* par les *Moëres*, mais il a peu de confiance dans ses jeunes troupes, et comme il est l'homme des demi-mesures, il envoie un bataillon et deux escadrons faire en petit ce qu'on lui demandait de faire en grand *(enseignement 54)*.

Le général VANDAMME qui dirige ce mouvement, se réunit à minuit, à *Ghyvelde,* avec l'adjudant général HOCHE, sorti de Dunkerque à la suite du duc d'York qui a levé le siège précipitamment.

Le général HOUCHARD reforme les troupes à Hondschoote même.

Pertes : Environ, 1.800 tués ou blessés. Les blessés furent évacués sur Saint-Omer.

b. ALLIÉS. — Retraite

La retraite se fait en deux colonnes :

L'une par *Houtem* et *Bulscamp,* l'autre par *Hoogstaede.*

A 3 heures du matin, le général WALMODEN prend son camp entre *Bulscamp* et *Furnes.*

Derrière lui, le duc d'York prend position le long du canal entre *Loo* et *Furnes.*

Pertes : 2.000 hommes dont 900 prisonniers, qui furent évacués sur Saint-Omer et de là sur Abbeville.

Nota. — D'après la tradition, 1.000 morts ont été enterrés près du *fameux moulin,* à un endroit où fut élevée plus tard une grange.

§ IX. — Résultats de la journée

1° Levée du siège de Dunkerque.

2° Effet moral considérable, retentissement immense que la Convention sut habilement faire mousser.

3° Pendant que le gros de l'armée continue la série de ses mouvements décousus, le général Vandamme (chef de bataillon la veille) occupe Hondschoote et les environs.

Il enterre avec pompe « le général issois » (hessois).

4° Il en est de la victoire d'Hondschoote comme de toutes celles qui ont précédé Fleurus, elle fut stérile, et les Alliés occupaient au printemps de 1794, à peu de chose près, les mêmes positions qu'avant Hondschoote. (Il en fut à peu près de même après Wattignies *(enseignement 55).*

5° Quant au sort terrible qui fut réservé à l'infortuné général vainqueur, je songe involontairement à cette boutade d'un de mes amis à qui je faisais visiter le champ de bataille à l'automne dernier :

Houchard, général en chef, a été guillotiné pour le motif suivant :

« N'a pas coupé les Anglais après en avoir reçu « l'ordre. »

DÉCOUVERTES RÉCENTES

permettant de préciser la date

des Invasions de la mer

dans les plaines maritimes

Par M. le Baron de MAERE d'AERTRYCKE

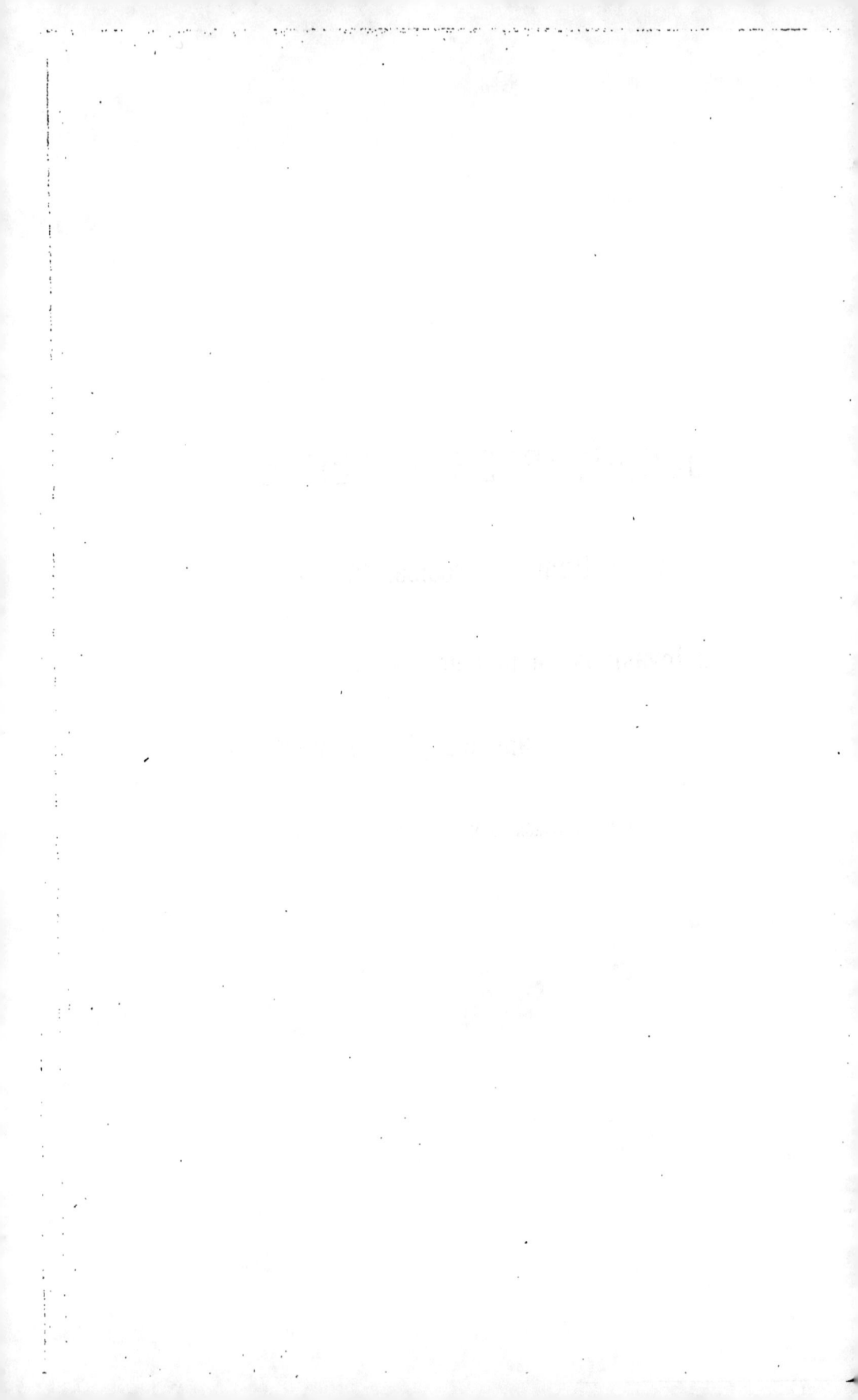

DÉCOUVERTES RÉCENTES

permettant de préciser la date

des Invasions de la mer

dans les plaines maritimes

PAR

M. LE BARON DE MAERE D'AERTRYCKE

Une relation de cause à effet oblige d'associer les conditions du régime côtier à la nature de l'étage recouvert par l'inondation marine, là, où ont été effectuées des découvertes de vestiges anciens, permettant de préciser les époques de l'invasion des flots. (1)

---

(1) BELPAIRE (MM. Ant. et Alph., ingénieurs). *De la plaine maritime.* Anvers, Schotmans, 1855, 1re partie, notam' p. 70 et suiv. pour des envahissements connus historiquement. A. RUTOT, dans Mém. présentés au XIe Congrès arch. Gand, 1896, Tome II, p. 5 et s. et Mém. de la Société d'Anthropologie de Bruxelles, tome XXI, 1903.

Nous adoptons comme plan de comparaison le o (z) d'Ostende, mer basse en syzygies, etc., et comme écart « *moyen* » de haute et basse mer : 4 m. 50.

Il y a des rapports entre l'influence sinon exclusive, du moins importante, qu'ont exercée les conditions du régime côtier et les constatations ressortissant du nivellement et de la géologie.

Deux couches d'alluvions marines superposées recouvrent la tourbe rencontrée dans notre littoral. (1) La tourbe existe dans la plaine maritime, dont la surface ne dépasse pas + 5 m. environ, en polders ; aussi sous les flots, par 3 à 4 mètres sous marée basse, et jusqu'à plusieurs lieues au large. Or, la tourbe, exigeant un régime d'eau douce, n'a pu se former, qu'à l'état d'émersion ou de séparation, par rapport à la mer.

Cette tourbe, dont la puissance peut aller jusqu'à 7 mètres, (2) repose sur le manteau sablonneux du *flandrien* (quaternaire), atteignant 26 à 30 mètres près des laisses. Et cette assise *flandrienne* est due aux dépôts de l'Océan, lors de son retour sur notre province, jusqu'à la ligne Ypres-Courtrai ; cet envahissement de l'époque quaternaire modifia le plus complètement l'hypsométrie superficielle de nos régions, dont la croûte avait reçu son relief caractéristique vers la fin de l'époque tertiaire, après le retrait de la mer *diestienne*. (3)

----

(1) BELPAIRE. *De la plaine maritime*, o. c., 2ᵉ partie, § 13 et 14.

(2) A. RUTOT, dans Mém. Soc. Anthr. Bruxelles ; Bruxelles, Hayez, 1903, p. 3.

(3) A. RUTOT. Mémoires présentés au XIᵉ Congrès, arch. etc., o. c., p. 9 et suivantes.

Après la retraite de la mer flandrienne, à plusieurs lieues au Nord de notre littoral actuel, l'Océan avait encore reculé devant l'exhaussement de son lit, dû aux envasements et aux ensablements ; dans la plaine maritime s'étendant entre la crête de partage de nos bassins côtiers et les laisses, dunes et tourbières se formèrent. Ces modifications à la constitution des abords de l'estran, peuvent avoir, lors des tempêtes, déterminé le gain progressif de l'Océan, sur les formations éoliennes et détritiques. Les effets de destruction contre les barrières verticales naturelles, de ravinement et d'érosion sur le lit, à plusieurs mètres sous le fond, sont décuplés, ainsi qu'on le vit encore du 11 au 14 Mars 1906, en raison de la réaction de l'obstacle.

En outre, le sol avoisinant les laisses, antérieures à l'ère chrétienne, a plongé sous les flots. Le tassement de plusieurs centimètres environ depuis 1800, constaté au printemps 1906, ne date pas de l'aurore du XIX° siècle ; en ces terres meubles, ces alluvions, il a évidemment dû atteindre plusieurs mètres depuis leur abandon par la mer flandrienne. Nous concevons donc pourquoi l'eau réoccupe définitivement deux à trois lieues de ce terrain, dans la tourbe duquel, on signale, sous les flots, des troncs d'arbres encore debout, la présence d'un temple à Dombourg, etc. (1)

Il y a aussi des circonstances locales, provoquant amincissement et érosion de Nieuport à Knocke, (2) et

---

(1) DE LAVELEYE. *Géologie.* (Affaissement, envasement, etc.) Paris, Lacroix, 1859, p. 18.

(2) A. DE MAERE LIMNANDER. *Réponse au Rapport de la commission instituée le 10 Octobre 1878,* pour examiner mon Avant-Projet d'une communication directe de Bruges à la mer. Gand, Annoot-Braeckman, 1883, p. 56 et s. et 66 et suiv.

vers Sangatte ; (1) engraissement de l'estran de Dunkerque à Nieuport, etc. : « Nombre et hauteur des bancs
sous-marins, position des écrans continentaux de l'Angleterre et de Zélande, sens de l'action des flots de
marée de Manche et d'Ecosse, influence des courants,
des vents, de l'époque, de la lune. » (2)

Si, dans la théorie des affaissements et relèvements
alternatifs, dus à des causes géologiques, il faut, ce qui
est possible, admettre l'affaissement, nous contestons un
relèvement subséquent, par suite de la constatation
signalée par M. ED. JONCKHEERE, (3) quant à la cote
maxima des alluvions (4 m. 50) en polders ; (ces alluvions
font défaut dans les hautes pannes cotées de 6 à 7 des
3 ilots d'émersion, Bray-Dunes, Panne, Coxyde, etc. ; le
Coq ; Knocke).

---

(1) Rapport de l'Ingénieur en chef des Ports et phares du Pas-de-
Calais, dans le Rapport VÉTILLART au Cons¹ Gén¹. Arras, Scoutheer, 1886.

(2) Consulter pour les influences de ces causes : WILLIAM WHEWELL.
Researches on the tides. London, Richard Taylor, 1836. — P. DE MEY.
Etude sur... etc., le *régime de la Côte de Belgique*, avec Atlas. Paris, 1894.—
BELPAIRE, o. c. ; et pour les vents N. et N.-W., lettre de M. ED. JONCKHEERE,
en date du 17-VII-1899, dans les Ann. Soc. Arch. Bruxelles, T. XIV, 1900,
p. 124 ; vents du S.-W. A. DE MAERE-LIMNANDER. *Réponse au Rapport de
la Commission*, etc. Gand, Annoot-Braeckman, 1883, p. 67, note 1 : constatation de M. GUILLAIN, ancien ingénieur du port de Dunkerque, relative à
l'exhaussement occasionné par le dépôt des sables.

(3) ÉDOUARD JONCKHEERE *L'Origine de la Côte de Flandre et le Bateau de
Bruges*. Bruges, de Haene, 1903. — En 1873, le Révᵈ abbé A. DUCLOS, fit
paraitre à Bruges, chez De Zuttere un exposé concis des connaissances sur
le littoral de Flandre (*Kust van Vlaanderen*, etc.)

Trouvailles

Sous le manteau de l'alluvion marine inférieure, reposant directement sur la tourbe, on trouve dans les 30 centimètres supérieurs de cet étage les médailles et les monnaies romaines, qui vont de César au début du V⁰ siècle de notre ère, les débris de ces beaux vases en « *terra sigillata* », en poterie noire vernissée, avec ornements en relief, tandis que dans les parties plus basses de la tourbe se recueillent les échantillons de cette céramique, qualifiée de *ménapienne, halstattienne*. (1)

M. BLANCHARD rappelle qu'à l'époque, où sous Honorius paraît (début du V⁰ siècle) la « *Notice des Dignités Impériales* », qui baptise notre côte du nom « *Littus Saxonicum* », Marck, près de Calais, est occupé par une garnison de cavalerie. (2) La mobilité de cette arme était le meilleur élément de succès pour s'opposer au débarquement de ces hordes, méthodiquement organisées pour le pillage de notre littoral. La surprise des envahisseurs en flagrant délit de manœuvre et de descente, devait nécessiter une célérité d'autant plus grande, qu'en cas d'ilot d'émersion, à marée haute par exemple, le choix des points de débarquement était augmenté.

Les armes diverses, les scramasax, les sceattas saxons

---

(1) A. RUTOT. *Sur les Antiquités découvertes dans la partie belge de la Flandre Maritime. Mém. Soc. Anthr. Bruxelles*, t. XXI, 1903, Bruxelles, Hayez, 1903, *Hallstatt* notam¹ p. 17 et 18; *Ménapien* p. 25, 32, etc. ; BARON DE LOË. *La Station de La Panne*. Extrait des Mémoires de la Soc. d'Anthr. de Bruxelles, Bruxelles, Hayez, 1902, p. 3 et suivantes.

(2) RAOUL BLANCHARD. *La Flandre*. (France, Belgique et Hollande). Lille, Danel, 1906, p. 145.

et anglo-saxons, récoltés notamment par le Baron de
Loë, à La Panne et aux environs de cette localité, sem-
bleraient indiquer l'utilisation de ces parages, non
recouverts par les flots depuis le recul de la mer
flandrienne, comme bases d'opérations, indispensables
d'ailleurs pour les incursions sur le continent; c'étaient
là ilôts d'émersion.

Reportant donc à l'aurore du Ve siècle, l'envahissement de la plaine maritime, à l'aide des preuves précitées
et de la nomenclature qui suivra. nous ajoutons : 1° que
le dépôt marin, dû à l'inondation, est foulé par l'homme
dès le milieu du IXe siècle ; 2° que pour le Xe siècle.
cartulaires, annales, etc., peuvent attester l'existence de
nos villages dans la plaine maritime. De nombreux
témoignages d'ordre archéologique, viennent confirmer
les données historiques. L'éminent ingénieur et géolo-
gue, M. Rutot, a fait d'amples récoltes d'objets du Haut
Moyen Age, tant au Nord qu'au Sud du cordon de dunes
actuel. (1)

Entrés dans la période historique, il devient aisé
actuellement de déterminer l'époque, au cours de
laquelle se produisit l'irruption des flots, auxquels on
doit la présence du deuxième manteau d'alluvions, qui
repose directement sur le premier dépôt semblable.

Des inondations locales, particulièrement calami-

---

(1) A. RUTOT. *Sur les antiquités découvertes*, etc., o. c. et *ID. Nouvelles
observations dans la plaine maritime belge.* Cf[r] également. — EDOUARD
JONCKHEERE. *L'Origine de la Côte de Flandre et le Bateau*, etc., o. c. —
J. DE BAST. *Recueil d'Antiquités romaines et gauloises*, etc., pour la diffé-
renciation avec les objets postérieurs. — Voyez aussi BARON DE LOË dans
les « *Rapports généraux de la Commission des Fouilles de la société d'Archéologie de Bruxelles.* » Bruxelles, Vromant.

teuses, entraînant même l'évacuation temporaire de plusieurs localités sévirent de 1100 vers 1225 ; puis ces fléaux se répétèrent avec moins d'intensité, grâce aux progrès de l'administration, des connaissances : endiguements, digues, colmatages, schorres, épis, etc., etc.

Clôturons par la nomenclature de quelques catégories d'objets recueillis.

Avant la 1ʳᵉ inondation, sous l'alluvion inférieure. — Echantillons de poteries dites « *halstattienne* » et « *ménapienne* », terra sigillata, monnaies diverses, ne dépassant pas le Vᵉ siècle, à Raverzyde, Zeebrugge, Damme, Hames, Calais, Sangatte, [1] etc.

Avant la 1ʳᵉ inondation, à proximité des polders. — Monnaies gauloises des Ambiani, quantité de grands, moyens et petits bronzes de : Adrien, Faustine, Marc-Aurèle, Sévère-Alexandre, Crispine, Lucille, Commode, Salonin, Salonine, Postume, avec spécialité du type à la galère pour ce dernier, types récoltés à La Panne [2] et à Wercken ; [3] Germanicus, Trajan, Septime Sévère, Antonin le Pieux, Maxime, Postume et Tetricus, à Dombourg. [4]

En poteries : bols, têles, dolium, amphores, plateaux,

---

(1) R. BLANCHARD. *La Flandre*, o. c., p. 145 : Dioclétien, Maximien, Constantin le Grand, etc.

(2) BARON DE LOË. *La Station*, etc., o. c., p. 5 et 6. — BARON DE MAERE D'AERTRYCKE dans An. A Brux., t. XIX, 1905, p. 136.

(3) G. CUMONT. *Trouvailles de monnaies romaines à Wercken*. An. A. Brux., t. XIII, 1899, p. 210.

(4) DE LAVELEYE, o. c., p. 10 et 18.

tasses, couvercles, assiettes. (1) Bijouterie : intailles,
bagues, fibules, bracelets. (2)

Faisons remarquer que l'on trouve ces échantillons
de bijouterie et de poterie, tant en des endroits restés
émergés, que sous l'alluvion marine inférieure.

Objets datant de l'inondation. — La Panne et environs : objets francs, (3) sceattas, scramasax, armes autres.

*Vestiges et Objets postérieurs à la 1re inondation, entre
les manteaux d'alluvions :* A Zeebrugge, Raverzyde,
Vlisseghem, Lisseweghe, Dudzeele, etc., etc., marmites
à goulot, cruches et bassins en terre cuite, à pâte
gris-noir, sonore, cruches ventrues, à pincées, gobelets
à boire avec pied, (4) couvercles, etc.

---

(1) A. RUTOT. *Sur les antiquités découvertes dans la partie belge de la
plaine maritime*, o. c., p. 25.

(2) A. RUTOT. *Sur les antiquités*, etc., o. c., p. 25 et BARON DE LOË.
Bull. des Musées Royaux, etc. Oct. 1906, p. 4 et 5.

(3) BARON DE LOË. *La Station*, etc., p. 6 du tiré à part et p. 7. BARON DE
MAERE D'AERTRYCKE. *Compte-rendu fouilles S. Arch. Brux.*, 1902, p. 50.

(4) A. RUTOT. *Sur les antiquités*, etc , o. c., pages 11, 12, 13, 17, 18,
26, 27, etc. ; et A. RUTOT. *Nouvelles observations dans la plaine maritime
belge. Bull. soc. Anthr. Brux*, T. XXII, 1903, page 6, du tiré à part. —
Quant aux « terpen » cfr, articles divers de MM. G. CUMONT et aussi de A.
RUTOT, p. 219 et s. dans le t. XIII, des Annales de la Société d'Arch. de
Bruxelles, 1899 ; ainsi que dans le *Rapport Général sur les Recherches et
fouilles*, etc., de cette Société. Bruxelles, Vromant, 1905, pages 6 et suiv.

LE

CHANCELIER DE BOURGOGNE

PAR

M. Art. de CANNART d'HAMALE

LE CHANCELIER DE BOURGOGNE

PAR

M. Art. de CANNART d'HAMALE

———

Le rôle du Chancelier de Bourgogne, pendant la période des Comtes de Flandre de la maison de Valois peut être exactement déterminé. Lorsque Philippe le Hardi, fils de France et duc de Bourgogne, entra du chef de sa femme, en possession des comtés de Flandre, d'Artois, de Rethel, de Bourgogne (Franche Comté) et de la Seigneurie de Malines, (1) il eut besoin d'un conseil pour l'administration de ses Etats si divers par la langue, les coutumes, l'esprit et les tendances et Jean Cannart, conseiller du Roi, qu'il mit à la tête de ce conseil, prit le titre de Chancelier de Monseigneur de Bourgogne. Le Chancelier particulier du duché de Bourgogne et le Grand Chancelier de Flandre continuèrent leurs fonctions.

---

(1) Jeanne, duchesse de Brabant, avait dû céder en 1357, à la Flandre, Anvers et Malines. Il est à remarquer que Philippe le Hardi ne prenait pas dans les actes officiels le titre de marquis d'Anvers ; de son côté, la Duchesse de Brabant, dans son testament du 29 Septembre 1401, en vertu duquel tous ses Etats passèrent au deuxième fils du nouveau comte de Flandre, ne parle pas de la seigneurie de Malines enlevée par son père au Comte de Flandre, auquel l'Evêque de Liège l'avait vendue par acte du 2 Octobre 1333. Un génie avait soufflé l'union sur le Pays et pour la cimenter, on renonçait de part et d'autre à une conquête.

Jusqu'alors le Chancelier de France seul avait eu des
attributions aussi étendues et l'acte que pose Philippe le
Hardi, à son avènement au comté de Flandre, peut être
considéré comme une atteinte aux prérogatives royales,
le premier pas fait par nos puissants Ducs pour s'affranchir de la tutelle de la Couronne et se créer une
souveraineté indépendante.

Homme de confiance de Monseigneur de Bourgogne
et chargé de défendre partout ses intérêts, le Chancelier
Jean Cannart commença par négocier en 1385 la célèbre
Paix de Tournay par laquelle les Flamands, satisfaits de
voir tous leurs privilèges reconnus et confirmés, renon-
cèrent à l'alliance anglaise et jurèrent fidélité éternelle
au nouveau Comte. La paisible possession de toute la
Flandre si riche en hommes et en argent, rendit le duc
de Bourgogne le prince le plus influent de la chrétienté
et Philippe le Hardi constatant les heureux résultats de
cette Paix de Tournay, récompensa royalement en 1386
son chancelier pour y *avoir pris la principale part*. Dans
le testament qu'il fit la même année, le duc l'appelle *son
très cher et espicial ami* et ordonne à son fils aîné Jean
de croire son conseil en *ses grans affaires et besoignes
notables*.

Jean Cannart, conseiller du Roi, était déjà depuis plusieurs années Chancelier de Monseigneur de Bourgogne
et avait été élevé, en récompense de ses services, au siège
épiscopal d'Arras, lorsqu'il ralliait le poste vacant de
Prévôt de St Donat à Bruges, dont le titulaire, depuis
Robert de Jérusalem, était de droit Grand Chancelier de
Flandre.

Plusieurs grands fiefs relevant les uns de la Couronne, les autres du Saint Empire se trouvaient réunis

en une seule main, et comme il est impossible de servir
deux suzerains à la fois, un nouveau royaume exista
ipso facto. La même situation se représenta plus tard
pour la Prusse. L'âme du gouvernement de ce nouvel
Etat fut le Chancelier de Monseigneur de Bourgogne.
C'était un premier ministre dans toute la force du terme.
Nicolas Rolin, le plus célèbre des Chanceliers de Monseigneur de Bourgogne, dominait Philippe le Bon au
point que le Souverain qui fonda le royaume des Pays-
Bas, par la réunion du Lothier à la Flandre, n'osait
accorder la moindre faveur sans le consulter.

La pacification des Flamands jeta les assises d'une
nouvelle Puissance et cet apaisement résulta de l'accord
de Tournay qui fut principalement l'ouvrage du Chancelier de Philippe le Hardi. Supérieurement conseillé, le
Duc de Bourgogne réussit à grouper sous un même
sceptre les Peuples les plus disparates et à établir, sans
conflits et sur des bases durables, un état de choses en
opposition avec les vues de la France, de l'Allemagne et
de l'Angleterre. Nos côtes fortifiées cessèrent d'être
infestées et le Pays ne fut plus traversé par des armées
étrangères. Le pouvoir central renforcé maintint le libre
jeu des institutions et la paix domestique. Toutes nos
provinces aspirèrent à jouir de ce régime d'ordre et de
liberté ; elles désiraient avoir, comme les Flamands, un
gouvernement qui tenait éloignés les fléaux de la guerre
civile et intérieure et l'unité qui se réalisa quelques
années après, avec une facilité et une rapidité, tenant du
prodige, existait déjà dans les esprits.

J'ai été particulièrement heureux à Rome, à Paris et
à Dijon dans mes recherches sur le politique sage et
avisé qui ouvrit la glorieuse liste des Chanceliers de

Bourgogne, et j'espère pouvoir un jour relever la mémoire de cet homme d'Etat, peut-être la plus belle figure de l'histoire.

Trois familles de son nom florissaient au moyen âge : 1° celle du fondateur de l'hôpital Notre-Dame à Lille ; 2° celle du fondateur de l'hôpital Notre-Dame à Mons ; et 3° celle qui fournit deux Stadhelder au comté de Looz.

M. l'archiviste communal de Lille m'a assuré que la manière dont les Cannart de cette ville écrivaient parfois le nom dénote une origine flamande.

Dans le plus ancien document où il est fait mention du fondateur de l'hôpital Notre-Dame à Mons, son nom est écrit Kanart (Jehan), et celui de son frère Cannart. Il est de 1401. C'est la première fois que j'ai rencontré dans un acte, en langue romane, la forme thïoise du nom, c'est-à-dire *Cannart* avec deux *n*.

Le Chancelier donne une précieuse indication sur son origine et sa famille par son scel sur lequel se lit distinctement *Jehan Cannart*. Lui, mieux que tout autre, savait comment son nom s'écrivait correctement et un homme de cette valeur a dû avoir des raisons sérieuses pour se rattacher à la famille *Cannart* en adoptant, lorsqu'il fit graver son scel, une orthographe du nom qui jusqu'alors n'avait été employée que dans le comté de Looz.

Plusieurs raisons me font encore supposer que le Chancelier de Philippe le Hardi était d'origine flamande.

1° Jean Cannart fut le contemporain d'Art. Cannart qui, après la mort de son illustre homonyme, parvint à

la dignité de Stadhelder du Comté de Looz. Le fief
lossain de Cannart n'avait pas rang au moyen âge de
seigneurie et son possesseur doit avoir été poussé par un
puissant protecteur pour s'être trouvé en situation de
devenir le chef de la Cour féodale. On sait que le premier
Comte de Flandre de la maison de Valois, suivant une
politique que ses successeurs imitèrent, étendit son
action sur tout le Lothier. Ce fut par son influence que
Jean, fils du Comte de Hainaut-Hollande, devint Comte de
Looz en sa qualité d'Elu de Liège. (1)

2° Jean Cannart avait été avocat au Parlement de
Paris où se jugeaient en dernier appel les affaires de la
Flandre, fief relevant de la Couronne. Les rebelles ne
voulaient correspondre qu'en flamand. Le sauf conduit
à leurs délégués pour se rendre à Tournay fut même
rédigé en cette langue. Les négociations se firent donc
en partie en flamand et il est probable que le Conseiller
du Roi choisi pour Chancelier par le Duc de Bourgogne, à
son avènement au Comté de Flandre, et envoyé au Congrès
de Tournay, pour la défense de ses intérêts, connaissait
cette langue.

3° Jean Cannart, avocat au Parlement de Paris, avait
été appelé au conseil du trône, par Charles V le Sage qui

---

(1) Mes recherches sur le Chancelier m'ont fait trouver le testament
de Jeanne, duchesse de Brabant et de l'Elu de Liège. Ce Prince qui
renonça à l'Evêché pour épouser, en 1418, Elisabeth, duchesse du Luxembourg, dans l'acte de dernière volonté fait à Bruges, le 6 Avril 1423 (v. s.),
s'intitule Jehan, Comte Palatin sur le Rhin, Duc en Bavière, fils de Hainaut, Hollande et Zélande et déclare que Philippe le Bon est son *vrai et plus
prochain héritier et nul autre et que à lui seul pour le tout*. Selon le
préambule, cette disposition a été prise parce qu'il considérait que le
devoir d'un Prince est de pourvoir, en son vivant, à ce que ses pays,
terres, seigneuries et sujets *puissent demourer en paix et tranquillité*.

se connaissait en hommes. Son mérite exceptionnel le fit
nommer Vidame de Reims et décida Philippe le Hardi à
le prendre pour conseil. L'idée de réconcilier avec les
Flamands le Duc qui avait exprimé l'avis qu'il fallait les
écraser pour frapper au cœur l'esprit de révolte et de
liberté, n'a pu venir qu'à un ami de ce peuple. Seul un
tel Ministre a pu concevoir le projet de profiter de l'as-
cendant qu'il exerçait sur une nature impulsive pour
l'amener à un accommodement, et de faire de nos turbu-
lents communiers les sujets les plus loyaux d'un fils de
France, par la confirmation des franchises que les villes
avaient jadis obtenues et auxquelles elles tenaient plus
qu'à la vie.

Les encouragements accordés aux Manufactures

PAR LES

Administrations de la Flandre wallonne,

à la fin de l'Ancien Régime

PAR M. ARISTOTE CRAPET

Les encouragements accordés aux Manufactures

PAR LES

Administrations de la Flandre wallonne,

à la fin de l'Ancien Régime

PAR M. ARISTOTE CRAPET

Professeur d'Histoire à l'Ecole Normale de Douai

Les privilèges et les subsides accordés à la grande industrie n'ont pas disparu avec Colbert et jusqu'à la fin de l'ancien régime, la protection et l'encouragement des administrations locales et de l'administration centrale ont soutenu les manufactures.

Les Etats de la Flandre wallonne, les Baillis des quatre seigneurs haut justiciers pour les châtellenies, les Magistrats des villes ont fait aux industriels et aux inventeurs des avances de fonds et leur ont donné des secours pécuniaires, des locaux, des exemptions de droits sur les boissons, des pensions.

a) — En 1784, par exemple, « *MM. les députés des Etats des villes et châtellenies de Lille, Douai et Orchies* », accordent gratuitement à Leperre-Durot, qui installe à Lille une manufacture de porcelaines, 30.000 grès pour

paver sa cour (les Etats avaient le monopole des grès
qu'ils avaient mis en régie).

b) — En 1752, *MM. les Baillis* accordent à Hovin, qui
crée à Comines une manufacture de toiles rayées et de
basins, façon de Bruges, une subvention de 3.000 florins
à restituer en dix ans, et en 1756, 9.000 florins pour dix
autres années.

c) — En 1780, un fabricant de camelots reçoit du
Magistrat de Douai une pension de 300 florins, l'exemption et le logement. — La ville assure à Six et Bleuzet
qui veulent établir une fabrique de draps, une somme de
24.000 florins, payable en 24 années, plus l'exemption
(1780).

En 1761, un fabricant des environs d'Estaires offre au
Magistrat de Lille de se transporter dans la ville avec ses
métiers et ses onze ouvriers ; il obtient une maison pour
six ans, une avance pour acheter des outils et en 1763, un
prêt considérable. — En 1765, le Magistrat accorde
9.000 livres à Petit qui a trouvé un apprêt pouvant
rivaliser avec l'apprêt anglais. — Teply et Durot qui
introduisent à Lille l'industrie des toiles peintes ou
indiennes, en 1765, obtiennent 12.000 livres, plus
500 livres par an pour tenir lieu d'un local. — En 1767,
Dachon qui prétend avoir découvert le moyen de teindre
le coton aussi bien qu'à Andrinople, obtient une gratifi-
cation de 300 florins pendant dix ans. — Nicolas
Danœulin invente, en 1773, un appareil à l'aide duquel
on peut exécuter facilement les dessins les plus grands
et les plus complexes ; le Magistrat lui assure une pension de 600 livres sa vie durant et l'exemption du droit
sur les bières. — En 1776, Cuvelier-Brame qui établit
une manufacture d'étoffes de soie, obtient un local et des

gratifications proportionnées au nombre de métiers qu'il fera marcher ; une décision du Contrôleur général des Finances lui accorde en 1784 un secours de 30.000 livres payables en 15 années. — En 1784, Leperre-Durot, déjà cité (gendre du fabricant de toiles peintes), reçoit 12.000 livres du Magistrat. — En 1788, Reine Demaude, veuve de Ferdinand Martin, obtient la somme de 32 florins par an, pendant dix années, par chaque métier excédant le nombre de six qu'elle emploiera à sa fabrique de gaze de soie.

d) — Le titre de *Manufacture royale* conférait à un établissement l'exemption de toute subordination à l'égard des corps de métiers et en particulier l'exemption des visites de maîtres et d'égards ; certaines immunités d'impôts, l'exemption du logement des gens de guerre, l'exemption du guet ; enfin, le monopole de fabrication et de vente dans une région plus ou moins étendue et pour un temps plus ou moins long. Jusqu'à la veille de la Révolution, des manufactures royales furent créées.

En 1770, la fabrique de toiles peintes de Durot devient manufacture royale ; la teinturerie de Dachon obtint ce titre en 1771 ; la fabrique de draps fins de Joseph Bluysen en 1787.

Un trait commun à toutes les requêtes des fabricants, c'est la demande d'exemption de droits sur les boissons. (Exemple : Barberose-Charlet, veuve du sieur Duquesne, demande l'exemption sur six rondelles de forte bière et une pièce de vin par an. Armentières, 1770).

La suppression des exemptions diverses, des faveurs, des privilèges et des monopoles de fabrication et de vente fut vivement réclamée par les Cahiers de 1789. En fait, l'exécution de l'arrêt de 1762 relatif au droit de fabriquer dans les campagnes et le traité de commerce de 1786 avec l'Angleterre lui avaient déjà porté un préjudice considérable.

La Confrérie du Puy Notre-Dame

à Amiens

Par M. Georges DURAND

————◆◆◆————

La Confrérie du Puy Notre-Dame à Amiens

PAR

M. Georges Durand

La Confrérie du Puy Notre-Dame d'Amiens fut fondée en 1388 par les rhétoriciens de cette ville.

Nous ne possédons pas les statuts que ceux-ci se donnèrent tout d'abord, mais seulement ceux qui furent renouvelés en 1451.

La Confrérie célébrait sa fête principale le jour de la Purification de la Sainte-Vierge, ou la *Chandeleur* (2 février). Ce jour-là, le maître était élu pour un an. Durant la messe solennelle, on exécutait un drame liturgique analogue au mystère du jour, et pendant le dîner, on jouait un mystère.

Des cérémonies religieuses, dîners, assemblées, etc., avaient lieu dans d'autres circonstances, notamment le lendemain de la Chandeleur, qui était le « rebond » de la fête principale, aux fêtes de la Vierge, à Noël, à la Toussaint.

A partir de 1466, l'usage s'introduisit de tirer le roi de la fève au dîner du 3 février.

Au décès de chaque maître, un service solennel était célébré pour le repos de son âme.

A l'origine, les cérémonies religieuses de la confrérie, qui étaient assez nombreuses, avaient lieu dans la paroisse du maître en charge, ou dans quelque autre église de son choix. Vers 1500, elles furent transférées dans la cathédrale, à l'autel du *Rouge pilier* qui devint l'autel de la Confrérie dont il finit par prendre le nom. Il le porte encore.

Trois sortes de poésies étaient régulièrement mises au concours :

1° Le *Chant royal*, la plus importante de toutes, qui était jugé le jour de la fête principale de la Chandeleur et couronné le lendemain.

2° Sept *Ballades*, une à chacune des cinq fêtes de la Vierge, une autre à Noël, la septième, en l'honneur des Trépassés, à la Toussaint.

3° Un *Fatras divin*, couronné à l'assemblée dite des *pains ferrés*, qui devait avoir lieu vers le commencement du carême.

Mais il y en avait encore d'autres : des rondeaux, des moralités, etc.

Le refrain palinodial, pour ces diverses poésies, était imposé par le maître en charge. Celui du Chant royal était un vers de huit syllabes, dans lequel la Vierge Marie était généralement comparée à quelque objet emblématique.

A partir de la seconde moitié du XVe siècle, ce fut parfois une allusion à la profession du maître ou à quelque grand événement contemporain ; plus tard, un jeu de mots sur le nom du maître. Durant le XVIe siècle, ces jeux de mots devinrent de plus en plus fréquents, suivant une mode assez générale à cette époque, mais tout particulièrement en Picardie. Dans cette province, on donnait à ces jeux de mots le nom de *rébus*, et les *rébus de Picardie* eurent alors une certaine célébrité. La décadence du Puy d'Amiens se fit dans leur abus.

La plus onéreuse des charges du maître élu à la Chandeleur était de faire exécuter à ses frais un tableau analogue à la pensée exprimée dans le refrain proposé par lui pour le Chant royal.

Le tableau, offert à Noël, était placé dans la cathédrale, où il ne restait primitivement qu'une année, au bout de laquelle il était remplacé par celui du maître suivant. Mais à partir de 1459, tous les tableaux y furent indéfiniment conservés.

On mettait près de ce tableau un chandelier avec un cierge et des tablettes où le chant royal et les autres poésies de l'année étaient inscrits et où étaient peintes les histoires auxquelles le Chant royal faisait allusion.

Tous ces tableaux qui s'accumulèrent pendant plus d'un siècle et demi, formeraient aujourd'hui dans la cathédrale d'Amiens un ensemble incomparable pour l'histoire de la peinture. La plupart ont disparu au XVIIIe siècle. Fort peu — une vingtaine environ — sont parvenus jusqu'à nous, encore que dispersés et presque tous mutilés.

Plusieurs d'entre eux, datant du premier quart du XVIe siècle, sont justement célèbres et peuvent compter parmi les plus remarquables œuvres de la peinture française primitive.

La composition générale de tous ces tableaux, à quelque époque qu'ils appartiennent, obéit presque toujours à une tradition à peu près invariable.

Au premier plan, le donateur et sa femme agenouillés, accompagnés de nombreux portraits, sans doute de leurs parents, amis ou confrères, et souvent, au milieu de ceux-ci, les portraits des grands personnages de l'époque, du Roi, de la Reine, du pape, de l'empereur, de l'évêque d'Amiens, de plusieurs grands seigneurs. Le refrain du donateur est inscrit sur une banderole. Au centre, la Vierge Marie debout ou assise, tenant l'Enfant Jésus, et le plus souvent accompagnée de l'emblème auquel le refrain fait allusion. Autour d'elle, des personnages bibliques, des saints, des figures allégoriques, etc., et dans le haut, le Père Éternel au milieu de sa gloire. Dans le fond, de naïfs et ravissants paysages se profilent à perte de vue.

Cette disposition, avec tous ses archaïsmes, s'est perpétuée presque sans modifications jusque dans les tableaux du commencement du XVIIe siècle, à une époque où la peinture était traitée dans un esprit si différent.

C'est dans le courant du XVIIe siècle que la Confrérie du Puy Notre-Dame d'Amiens commença véritablement à tomber en décadence.

Les offrandes de tableaux se transforment peu à peu en monuments de sculpture d'abord, puis en pièces d'argenterie, en vêtements sacerdotaux pour les services religieux de la confrérie, puis cessent tout-à-fait.

Vers la fin du même siècle, les concours de poésie, qui n'étaient plus dans le goût classique, tombent en

désuétude. Les exercices littéraires du collège des Jésui-
tes, la fondation de sociétés plus dans le goût du jour :
la Société des gens de lettres (1700), bientôt confondue
avec le *Cabinet des lettres* (1702), puis et surtout la *Société
littéraire* (1746) devenue en 1750 l'*Académie des lettres,
des sciences et des arts,* porta le dernier coup à la vieille
confrérie. Elle végéta toutefois jusqu'à la Révolution, à
cause des biens qu'elle possédait, mais en se bornant à
des exercices religieux.

BIBLIOGRAPHIE

A. Breuil. *La Confrérie de Notre-Dame du Puy
d'Amiens,* dans *Mémoires de la Société des Antiquaires de
Picardie,* in-8°, t. XIII, 1854, p. 485.

Rigollot et Breuil. *Les Œuvres d'art de la Confrérie
de Notre-Dame du Puy d'Amiens,* même collection,
t. XV, 1858, p. 391.

E. Soyez. *Le Puy Notre-Dame, ancienne Confrérie
Amiénoise,* Amiens, 1906, in-4°, etc.

TABLE DES MATIÈRES

226

www.ingramcontent.com/pod-product-compliance
Lightning Source LLC
Chambersburg PA
CBHW070500200326
41519CB00013B/2650